System und Reform der Besteuerung privater Veräußerungsgeschäfte

AF877540

Europäische Hochschulschriften

Publications Universitaires Européennes

European University Studies

Reihe II

Rechtswissenschaft

Série II Series II

Droit

Law

Bd./Vol. 4164

PETER LANG

Frankfurt am Main · Berlin · Bern · Bruxelles · New York · Oxford · Wien

Swen Oliver Bäuml

System und Reform der Besteuerung privater Veräußerungsgeschäfte

Bestandsaufnahme und Analyse von Reformansätzen unter steuersystematischen und verfassungsrechtlichen Aspekten

PETER LANG
Europäischer Verlag der Wissenschaften

Bibliografische Information Der Deutschen Bibliothek
Die Deutsche Bibliothek verzeichnet diese Publikation in der Deutschen Nationalbibliografie; detaillierte bibliografische Daten sind im Internet über <http://dnb.ddb.de> abrufbar.

Zugl.: Halle-Wittenberg, Univ., Diss., 2004

3
ISSN 0531-7312
ISBN 3-631-53533-3

© Peter Lang GmbH
Europäischer Verlag der Wissenschaften
Frankfurt am Main 2005
Alle Rechte vorbehalten.

Das Werk einschließlich aller seiner Teile ist urheberrechtlich geschützt. Jede Verwertung außerhalb der engen Grenzen des Urheberrechtsgesetzes ist ohne Zustimmung des Verlages unzulässig und strafbar. Das gilt insbesondere für Vervielfältigungen, Übersetzungen, Mikroverfilmungen und die Einspeicherung und Verarbeitung in elektronischen Systemen.

www.peterlang.de

Für Katja und Lennard

Inhaltsverzeichnis

Literatur- und Rechtsprechungsverzeichnis

Aufsätze

Balmes, Frank „Belastungsungleichheit privater Veräußerungsgeschäfte oder die Spekulation mit Erhebungsdefiziten“, in: FR 2000, S. 1069 - 1073

Bebber, Guido von „Private Devisentermingeschäfte im Lichte der Neuregelung durch das Steuerentlastungsgesetz 1999/2000/2002“, in: DStR 1999, S. 1756 – 1759

Bilsdorfer, Peter „Zur derzeitigen Situation bei der steuerlichen Erfassung von Spekulationsgewinnen“, in: NJW 2003, S. 2509 – 2510

Birk, Dieter „Zum Stand der Theoriediskussion in der Steuerrechtswissenschaft - Erwiderung zu Walter Leisner“, in: StuW 1983, S. 293 – 299

Birk, Dieter „Gleichheit und Gesetzmäßigkeit der Besteuerung“, in: StuW 1989, S. 212 - 218

Bornhaupt, Kurt J. von „System- und Verfassungsverstöße des § 23 EStG in seiner jetzigen Fassung und erst recht nach Maßgabe des dem Bundesrat vorliegenden Entwurfs des StVergAbG“, in: BB 2003, S. 125 – 130

Butzer, Hermann „Der Halbteilungsgrundsatz und seine Ableitung aus dem Grundgesetz“, in: StuW 1999, S. 227 – 242

Dautzenberg, Norbert „Europäische „Agenda" für das Ertragsteuer recht im Jahr 2004: Die Richtlinien vom Juni 2003",
in: BB 2004, S. 17 – 21

Delp, Udo „Steuerpolitik privater Kapitalanleger nach den Änderungen durch das Steuerentlastungs- gesetz",
in: INF 1999, S. 331 – 335

Delp, Udo „Erste Anwendungs- und Zweifelsfragen bei der Besteuerung von Termingeschäften privater Personen nach dem StEntlG 1999/2000/2002",
in: INF 1999, S. 584 – 587

Ebling, Klaus „Der Steuerabzug bei Bauleistungen",
in: DStR 2001, Beihefter zu Nr. 51/52, S. 1 – 26

Ehrhardt-Rauch, Andrea/ Rauch, Steffen Gregor „Ist der Schutz der Bankkunden nach § 30a AO auch künftig noch haltbar?",
in: DStR 2002, S. 57 - 64

Ehrke, Tina „Österreichischer Verfassungsgerichtshof setzt der Quellenbesteuerung Grenzen",
in: IStR 2000, S. 679 – 680

Elschen, Rainer „Entscheidungsneutralität, Allokationseffizienz und Besteuerung nach der Leistungsfähigkeit - Gibt es ein gemeinsames Fundament der Steuerwissenschaften?",
in: StuW 1991, S. 99 – 115

Faltlhauser, Kurt „Die Verlockungen der Schedule",
in: FS für Wolfgang Ritter,
Köln 1997, S. 511 - 518

Geurtz, Matthias „Besteuerung von Finanzderivaten im Privatvermögen",
in: DB 2002, S. 110 – 114

Hamacher, Rolfjosef „Termingeschäfte im privaten Bereich nach neuem Steuerrecht“, in: WM 2000, S. 1721 – 1728

Harenberg, Friedrich E. „Kehrtwende des Bundesfinanzministeriums bei der Besteuerung von Aktienanleihen“, in: NWB v. 9.04.2001, Fach 3, S. 11515 - 11518

Harenberg, Friedrich E. „Besteuerung von Optionsgeschäften und Financial Futures im Rahmen privater Vermögensverwaltung“, in: NWB v. 20.08.2001, Fach 3, S. 11695 – 11706

Harenberg, Friedrich E. „Kommentar zum BMF, Schr. v. 27.11.2001, IV C 3 – S 2256 – 265/01”, in: FR 2002, S. 109 – 112

Harenberg, Friedrich E. „Kommentar zu BFH, Beschl. v. 16.07.2002, IX R 62/99“, in: FR 2002, S. 1283 (1293) – 1294

Harenberg, Friedrich E. „Ist die Besteuerung von Spekulationsgewinnen verfassungswidrig?“, in: Gestaltende Steuerberatung 12/2002, S. 429 – 431

Harenberg, Friedrich E. „AdV bei Besteuerung von Spekulationsgewinnen aus Wertpapierverkäufen“, in: Gestaltende Steuerberatung 8/2003, S. 326 – 327

Harenberg, Friedrich E. „Besteuerung von Spekulationsgeschäften bei Wertpapieren in 1997 und 1998 verfassungswidrig“, in: Gestaltende Steuerberatung 4/2004, S. 116 – 118

Häuselmann, Holger/ Wiesenbart, Thomas Erträge aus Finanzinnovationen als steuerpflichtige „Kapitaleinkünfte?“, in: RIW 1993, S. 751 – 757

Hey, Johanna „Vollzugsdefizite bei Kapitaleinkommen: Rechtsschutzkonsequenzen und Reformoptionen“, in: DB 2004, S. 724 - 730

Isensee, Josef „Vom Beruf unserer Zeit für Steuervereinfachung“, in: StuW 1994, S. 3 – 14

Jachmann, Monika „Grundthesen zu einer Verbesserung der Akzeptanz der Besteuerung durch Vereinfachung des Einkommensteuerrechts“, in: StuW 1998, S. 193 – 207

Jachmann, Monika „Besteuerung von Unternehmen als Gleichheitsproblem“, in: DStJG Bd. 23 (Köln 2000), S. 9 – 65

Jachmann, Monika „Eine deutsche Abgeltungssteuer auf Kapitalerträge im europäischen Kontext“, in: BB 2003, S. 2712 - 2719

Jacob, Friedhelm/ Vieten, Nikolaus „Anmerkung zum Urteil des BVerfG v. 9.03.2004, 2 BvL 17/02“, in: FR 2004, S. 482 - 484

Jacobs, Otto/Schreiber, Ulrich/Spengel, Christoph/ Gutekunst, Gerd / Lammersen, Lothar „Stellungnahme zum StVergAbG und zu weiteren steuerlichen Maßnahmen“, in: DB 2003, S. 519 – 525

Kanzler, Hans-Joachim „Steuerreform: Von der synthetischen Einkommensteuer zur Schedulenbesteuerung?“, in: FR 1999, S. 363 – 367

Kanzler, Hans-Joachim „Problematik der steuerlichen Behandlung von Veräußerungsgewinnen“, in: FR 2000, S. 1245 – 1255

Kanzler, Hans-Joachim „Grundfragen der Besteuerung betrieblicher Veräußerungsgewinne“, in: FR 2003, S. 1 – 11

Kirchhof, Paul „Steuergleichheit“,
in: StuW 1984, S. 297 - 314

Kirchhof, Paul „Der verfassungsrechtliche Auftrag zur Besteuerung nach der finanziellen Leistungsfähig keit“,
in: StuW 1985, S. 319 – 329

Kirchhof, Paul „Grundlinien des Steuerverfassungsrechts in der Rechtsprechung des Bundesverfassungsgerichts“,
in: StbJb. 1994/95, S. 5 - 22

Kirchhof, Paul „Erläuterungen zum Karlsruher Entwurf zur Reform des Einkommensteuergesetzes“,
in: DStR 2001, S. 913 - 917

Kirchhof, Paul (u.a.) „Dokumentation: Karlsruher Entwurf zur Reform des Einkommensteuergesetzes“,
in: DStR 2001, S. 917 – 920

Kirchhof, Paul „Der Karlsruher Entwurf und seine Fortentwicklung zu einer Vereinheitlichten Ertragsteuer“,
in: StuW 2002, S. 3 – 22

Kirchhof, Paul „Das EStGB - ein Vorschlag zur Reform des Ertragsteuerrechts“,
in: DStR 2003, Heft 37, Beihefter 5, S. 1 – 16

Kirnberger, Christian „Neues BMF-Schreiben zu privaten Termingeschäften – Beratungsempfehlungen zur Vermeidung von Rechtsnachteilen“,
in: EStB 2002, S. 66 – 69

Kraft, Gerhard/ Bäuml, Swen Oliver „Verfassungswidrigkeit der Besteuerung privater Wertpapier-Veräußerungsgeschäfte: Analyse des Urteils des BVerfG v. 9.3.2004 im Kontext der jüngeren BFH-Rechtsprechung und seiner Auswirkungen auf das System der kapitalorientierten Einkommensteuer“,
in: FR 2004, S. 443 - 451

Kraft, Gerhard/ Bäuml, Swen Oliver „Verfassungswidrigkeit der Spekulationsgewinnbesteuerung bei Wertpapieren: Eine Analyse der jüngsten Urteile des BVerfG und es BFH sowie ihrer Folgen für die Konzeption der Besteuerung privater Veräußerungsgeschäfte", in: DB 2004, S. 615 - 620

Kümpel, Siegfried „Zur Abgrenzung des Börsentermingeschäfts vom Zeitgeschäft am Beispiel der Effekten kommission für Auslandsbörsen", in: WM 1982, Sonderbeilage Nr. 6/1982, S. 1 – 26

Küting, Karlheinz/ Kessler, Harald „Zur geplanten Reform des bilanzsteuerlichen Rückstellungsrechts nach dem Entwurf eines StEntlG 1999/2000/2002", in: DStR 1998, S. 1937 – 1946

Lang, Joachim „Liebhaberei im Einkommensteuerrecht", in: StuW 1981, S. 223 – 234

Lang, Joachim „Reform der Unternehmensbesteuerung", in: StuW 1989, S. 3 – 17

Lang, Joachim „Die Besteuerung des Konsums aus gesetzgebungspolitischer Sicht", in: Rose (Hrsg.), „Konsumorientierte Neuordnung des Steuersystems", Berlin/Heidelberg u.a. 1991, S. 291 – 348

Lang, Joachim „Die Bemessungsgrundlage der Einkommensteuer", in: Tipke/Bozza (Hrsg.), Besteuerung von Einkommen, Berlin 2000

Lang, Joachim „Prinzipien und Systeme der Besteuerung von Einkommen", in: DStJG Bd. 24 (Köln 2001), S. 49 – 133

Leisner, Walter „Von der Leistung zur Leistungsfähigkeit - die soziale Nivellierung“, in: StuW 1983, S. 97 – 102

Löhr, Dirk „Systemreform der Ertragbesteuerung von Unternehmen“, in: StuB 1999, S. 873 – 879

Löhr, Dirk „Wege der Systemreform der Ertragsbesteuerung“, in: Jens/Romahn, „Sozialpolitik und Sozialökonomik“, FS für Lothar F. Neumann, Marburg 2000, S. 329 – 350

Maiterth, Ralf „Karlsruher Entwurf zur Reform des Einkommensteuergesetzes“, in: BB 2001, S. 1172 – 1175

Maulshagen, Almut/ Maulshagen, Olaf „Rechtliche und bilanzielle Behandlung von Swapgeschäften“, in: BB 2000, S. 243 – 249

Mitschke, Joachim „Ökonomische Analyse einkommensteuerlicher Einkunftsermittlung und Alternativen steuerlicher Einkommensperiodisierung“, in: StuW 1988, S. 111 – 132

Möstl, Markus „Verfassungsrechtliche Grenzen der Besteuerung“, in: DStR 2003, S. 720 – 726

Nguyen-Thanh, David/ Rose, Manfred/ Thalmeier, Bernd „Die zinsbereinigt modifizierte Kassenrechnung als einheitliche Gewinnermittlungsmethode“, in: StuW 2003, S. 169 – 175

Niehus, Ulrich „Kritische Anmerkungen zum Systemcharakter des Einkommensteuerrechts“, in: DStZ 2000, S. 697 – 706

Pöllath, Reinhard „Steuerreform durch Besteuerung „privater“ Veräußerungsgewinne?“, in: DB 1998, S. 2033 - 2037

Prinz, Ulrich/ Ommerborn, Frank „Aktuelle Rechtsfragen und Gestaltungsüberlegungen zu §§ 17, 23 EStG bei privater Vermögensverwaltung“, in: FR 2001, S. 977 – 992

Raupach, Arndt Die Neuordnung des Körperschaftsteuersystems, in: DStJG Bd. 25 (Köln 2002), S. 9 – 36

Risto, Ulrich/ Julius, Jürgen „Die Verfassungswidrigkeit der Zinsbesteuerung“, in: DB 2002, Beilage Nr. 4/2002, S. 1 – 11

Rose, Manfred „Argumente zu einer konsumorientierten Neuordnung des Steuersystems“, in: StuW 1989, S. 191 – 193

Rose, Manfred „Konsumorientierte Neuordnung des Steuersystems“, in: StuW 1990, S. 88 – 97

Rose, Manfred „Reform der Besteuerung des Sparens und der Kapitaleinkommen“, in: BB 1992, Beilage Nr. 5 zu Heft 10, S. 2 – 16

Rose, Manfred „Schutz des Kapitalexistenzminimums“, in: BB 1996, S. 1085 – 1090

Rose, Manfred „Sinn und Unsinn einer Besteuerung von Gewinnen aus der Veräußerung von Anteilen an Unternehmen“, in: BB 2000, S. 1062 – 1068

Ruppe, Hans-Georg „Möglichkeiten und Grenzen der Übertragung von Einkunftsquellen als Problem der Zurechnung von Einkünften“, in: DStJG Bd. 1 (Köln 1978), S. 7 – 40

Ruppe, Hans-Georg „Möglichkeiten und Grenzen der Übertragung von Einkunftsquellen“, in: Tipke (Hrsg.), Übertragung von Einkunftsquellen im Steuerrecht, 1979

Saathoff, Jan „Steueroase Deutschland? Verlustberücksichtigung und Besteuerung von Vermögenszuwächsen im internationalen Vergleich“, in: FR 1998, S. 917 – 934

Schanz, Georg von „Der Einkommensbegriff und die Einkommensteuergesetze“, in: FinArch Bd. 13 (1896), S.1 - 87

Scheffler, Wolfram „Auswirkungen des Karlsruher Entwurfs zur Reform des EStG auf die Steuerbilanz“, in: StuB 2001, S. 904 – 914

Scheurle, Florian „Vom Zinsabschlag zur Abgeltungssteuer – Aspekte eines Systemwechsels“, in: DB 1995, S. 543 – 550

Schmidt-Keßeler, Nora „Zinsabgeltungssteuer und Steueramnestie als Brücke in die Ungewissheit?“ in: DStR 16/2003 (Der Kommentar)

Schneider, Dieter „Gewinnermittlung und steuerliche Gerechtigkeit“, in: Zeitschrift für betriebswirtschaftliche Forschung, Jg. 23 (1971), S. 352 – 394

Schneider, Dieter „Bezugsgrößen steuerlicher Leistungsfähigkeit und Vermögensbesteuerung“, in: FinArch, NF, Bd. 37 (1979), S. 26 – 49

Schneider, Dieter „Mängel in der ökonomischen Begründung einer Steuerfreiheit für Kapitaleinkünfte“, in: StuW 2000, S. 421 – 430

Schön, Wolfgang „Vermeidbare und unvermeidbare Hindernisse der Steuervereinfachung“, in: StuW 2002, S. 23 – 35

Seer, Roman „Steuergerechtigkeit durch Steuervereinfachung“, in: StuW 1995, S. 184 – 193

Suhrbier-Hahn, Ute „Besteuerung von Spekulationserträgen – Vorschläge zur Neugestaltung“, in: DStR 2003, S. 354 – 361

Tibo, Frank „Die Besteuerung von Termingeschäften im Betriebsvermögen gemäß § 15 Abs. 4 EStG”, in: DB 2001, S. 2369 – 2372

Tipke, Klaus „Die dualistische Einkünfteermittlung nach dem Einkommensteuergesetz – Entstehung, Motivation, Berechtigung“, in: FS für Heinz Paulick, Köln 1973, S. 391 - 401

Tipke, Klaus „Der Karlsruher Entwurf zur Reform der Einkommensteuer – Versuch einer steuerjuristischen Würdigung“, in: StuW 2002, S. 148 – 175

Wagner, Franz W. „Neutralität und Gleichmäßigkeit als ökonomische und rechtliche Kriterien steuerlicher Normkritik“, in: StuW 1992, S. 2 – 13

Wagner, Franz W. „Kann es eine Beseitigung aller steuerlichen Ausnahmen geben, wenn es keine Regel gibt?“, in: DStR 1997, S.517 – 521

Wagner, Franz W. „Die Integration einer Abgeltungssteuer in das Steuersystem - Ökonomische Analyse der Kapitaleinkommensbesteuerung in Deutschland und der EU“, in: DB 1999, S. 1520 – 1528

Wagner, Franz W. „Korrektur des Einkünftedualismus durch Tarifdualismus - Zum Konstruktionsprinzip der Dual Income Taxation“, in: StuW 2000, S. 431 – 441

Wagner, Franz W. „Karlsruher Entwurf zur Reform des Einkommensteuergesetzes - Anmerkungen aus der Perspektive ökonomischer Vernunft", in: StuW 2001, S. 354 - 362

Waigel, Theodor „Die Erarbeitung der Petersberger Steuervorschläge durch die Steuerreform – Kommission", in: FS für Klaus Offerhaus, Köln 1999, S. 983 – 993

Wassermeyer, Franz „Anmerkungen zum Karlsruher Entwurf zur Reform des Einkommensteuergesetzes", in: DStR 2001, S. 920 – 924

Watrin, Christoph/ Lühn, Michael „Besteuerung privater Veräußerungsgewinne nach dem StVergAbG-E", in: DB 2003, S. 168 – 173

Wedelstädt, Alexander v. „Jahresbescheinigung über Kapitalerträge und Veräußerungsgewinne aus Finanzanlagen", in: DB 2004, S. 408

Wedelstädt, Alexander v. „Sammelauskunftsersuchen – Zulässigkeit, Auswertung der Auskunft, Rechtsschutz", in: DB 2004, S. 948 - 951

Wendt, Michael „Änderungen bei betrieblichen und privaten Veräußerungsgeschäften", in: FR 1999, S. 333 – 355

Wenger, Ekkehard „Die Steuerfreiheit von Veräußerungsgewinnen: Systemwidrigkeiten und systematische Notwendigkeiten", in: StuW 2000, S. 177 – 181

Wenglorz, Georg/ Bäuml, Swen Oliver „Die geplante Neuregelung der Besteuerung von derivativen Finanzinstrumenten: ein Systemwechsel", in: BB 2003, S.286 - 290

Wittmann, Rolf	„Besteuerung des Markteinkommens – Grundlinien einer freiheitsschonenden Besteuerung“, in: StuW 1993, S. 35 – 46
Wurmsdobler, Norbert	„Zinsbereinigung des Einkommens in Österreich“, in: StuW 2003, S. 176 - 187

Kommentare / Monographien

Blankart, Charles B.	Öffentliche Finanzen in der Demokratie, 4. Auflage München 2001
Blümich	Kommentar zum Einkommensteuergesetz, Band 2: §§ 9 – 24b EStG 73. EL München 1/2002
BMF (Hrsg.)	Gutachten der Steuerreform-Kommission, Schriftenreihe des BMF, Heft 17, Bonn 1971
BMF (Hrsg.)	Gutachten zur Reform der internationalen Kapitaleinkommensbesteuerung, Schriftenreihe des BMF Heft 65, Bonn 1999
Bordewin, Arno/ Brandt, Jürgen	Kommentar zum Einkommensteuergesetz, 232. EL Heidelberg 6/2003
Ebnet, Otto	Die Besteuerung des Wertzuwachses: Ein theoretischer Ansatz im Rahmen der Einkommensbesteuerung, Baden-Baden 1978
Fisher, Irving	The Theory of Interest, New York 1930
Fuisting, Bernhard	Die preußischen direkten Steuern, EStG, Bd. 1, 6. Auflage Berlin 1904

Fuisting, Bernhard	Grundsätze der Steuerlehre, Berlin 1902
Fuisting, Bernhard/ Strutz, Georg	Das Preußische Einkommensteuergesetz, 5. Auflage Berlin 1914
Haig, Robert M.	„The Concept of Income: Economic and Legal Aspects", in: The Federal Income Tax, Columbia University Press, 1921
Hermann, Carl/Heuer, Gerhard/Raupach, Arndt	Kommentar zum Einkommensteuer- und Körperschaftsteuergesetz, 21. Auflage Köln 2000 (Stand: 12/2002)
Homburg, Stefan	Allgemeine Steuerlehre, 2. Auflage München 2000
Hübschmann/Hepp/ Spitaler	Kommentar zur Abgabenordnung und Finanzgerichtsordnung, 180. EL Köln 4/2004
Jachmann, Monika	Verfassungsmäßige Grenzen der Besteuerung, Aachen 1996
Kirchof, Paul/ Söhn, Hartmut/ Mellinghoff, Rudolf	Kommentar zum Einkommensteuergesetz, 130. EL Heidelberg 4/2003
Kirchhof, Paul	Kommentar zum Einkommensteuergesetz, 2. Auflage Heidelberg 2002
Kirchhof, Paul (u.a.)	Karlsruher Entwurf zur Reform des Einkommensteuergesetzes, in: Heidelberger Forum, Band 116, Heidelberg 2001
Kraft, Cornelia	Steuergerechtigkeit und Gewinnermittlung, Wiesbaden 1991
Lademann, Fritz	Kommentar zum Einkommensteuergesetz, Stuttgart, München, Hannover, Berlin, Weimar, 4. Auflage Dresden 1997 (Stand: 10/2002)

Lang, Joachim — Die Bemessungsgrundlage der Einkommensteuer, Köln 1981/88

Lang, Joachim — Entwurf eines Steuergesetzbuchs, Schriftenreihe des BMF, Heft 49, Bonn 1993

Littmann, Eberhard/Bitz, Horst/Pust, Hartmut — Das Einkommensteuerrecht 15. Auflage Stuttgart 2/2003

Popitz, Johannes — Handwörterbuch der Staatswissenschaften, 4. Auflage, Bd. 3, Jena 1926

Raupach, Arndt/Tipke, Klaus/Uelner, Adalbert — Niedergang oder Neuordnung des deutschen Einkommensteuerrechts?, Köln 1985

Rose, Manfred — Plädoyer für ein konsumorientiertes Steuersystem, in: Rose (Hrsg.), Konsumorientierte Neuordnung des Steuersystems, Berlin 1991

Schmidt, Ludwig — Einkommensteuergesetz, 22. Auflage München 2003

Schmidt, Ludwig — Einkommensteuergesetz, 23. Auflage München 2004

Simons, Henry C. — „Personal Income Taxation: The Definition of Income as a Problem of Fiscal Policy", in: University of Chicago Press, 1938

Sinn, Hans-Werner — Kapitaleinkommensbesteuerung, Eine Analyse der intertemporalen, internationalen und intersektoralen Allokationswirkungen, Tübingen 1985

Stoll, Gerold — Verluste und Verlustquellen im Steuerrecht, Wien 1989

Tipke, Klaus/Lang, Joachim — Steuerrecht, 17. Auflage Köln 2002

Tipke, Klaus Die Steuerrechtsordnung, Bd. I, 2. Auflage Köln 2000

Tipke, Klaus Die Steuerrechtsordnung, Bd. II, Köln 1993

Wöhe, Günter Betriebswirtschaftliche Steuerlehre, Band I, 1. Halbband, 6. Auflage München 1988

Rechtsprechung

Bundesverfassungsgericht:

BVerfG, Urt. v. 07.10.1969, 2 BvL 3/66, BVerfGE 27, S. 111
BVerfG, Urt. v. 09.07.1969, 2 BvL 20/65, BStBl. II 1970, S. 156
BVerfG, Urt. v. 11.05.1970, 1 BvL 17/67, BVerfGE 28, S. 227
BVerfG, Urt. v. 22.02.1984, 1 BvL 10/80, BStBl. II 1984, S. 357
BVerfG, Urt. v. 23.01.1990, 1 BvL 4, 5, 6, 7/87, BStBl. II 1990, S. 483
BVerfG, Urt. v. 27.06.1991, 2 BvR 1493/89, BVerfGE 84, S. 239
(bzw. BStBl. II 1991, S. 654; NJW 1991, S. 2129)
BVerfG, Urt. v. 07.06.1993, 2 BvR 1148/92, HFR 1993, S. 543
BVerfG, Beschl. v. 22.06.1995, 2 BvL 37/91, BVerfGE 93, S. 121
(bzw. BStBl. II 1995, S. 655)
BVerfG, Beschl. v. 10.04.1997, 2 BvL 77/92, BVerfGE 96, S. 1
(bzw. BStBl. II 1997, S. 518; DB 1997, S. 1447)
BVerfG, Urt. v. 30.09.1998, 2 BvR 1818/91, HFR 1999, S. 44
BVerfG, Urt. v. 11.11.1998, 2 BvL 10/95, DStRE 1999, S. 202
BVerfG, Urt. v. 06.03.2002, 2 BvL 17/99, NJW 2002, S. 1103
BVerfG, Urt. v. 06.05.2002, 2 BvL 17/99, BVerfGE 105, S. 73
BVerfG, Beschl. v. 4.12.2002, 2 BvR 400/98 und 2 BvR 1735/00, DStR 2003, S. 633
BVerfG, Urt. v. 09.03.2004, 2 BvL 17/02, NJW 2004, S. 1022 (bzw. FR 2004, S. 470)

Österreichischer Verfassungsgerichtshof:

Österreichischer Verfassungsgerichtshof,
Urt. v. 15.03.2000, G 141-150/99-12, ÖStZ 2000, S. 232

Bundesfinanzhof:

BFH, Urt. v. 08.12.1981, VIII R 125/79, BStBl. II 1982, S. 618
BFH, Urt. v. 25.08.1987, IX R 65/86, BStBl. II 1988, S. 248
BFH, Urt. v. 29.03.1989, X R 4/84, BFHE 156, S. 465
(bzw. BStBl II 1989, S. 652)
BFH, Urt. v. 28.11.1990, X R 197/87, BStBl. II 1991, S. 300
BFH, Beschl. v. 11.03.1992, II R 129/88, BFHE 167, S. 266
(bzw. BStBl. II 1992, S. 707)
BFH, Beschl. v. 14.09.1994, IX B 142/93, BFHE 175, S. 421
(bzw. BStBl. II 1995, S. 778)
BFH, Urt. v. 18.02.1997, VIII R 33/95, BFHE 183, S. 45
(bzw. BStBl. II 1997, S. 499)
BFH, Beschl. v. 28.10.1997, VII B 40/97, BFH/NV 1998, S. 424.
BFH, Urt. v. 19.02.1999, VI R 43/95, BFHE 188, S. 65
(bzw. BStBl. II 1999, S. 361)
BFH, Beschl. v. 24.02.1999, X R 171/96, BStBl. II 1999, S. 450
BFH, Urt. v. 14.12.1999, IX R 23/99, BFH/NV 2000, S. 831
BFH, Urt. v. 20.12.2000, X R 1/97, BB 2001, S. 1388
BFH, Beschl. v. 04.09.2000, I B 17/00, BFHE 192, S. 260 (bzw. BStBl. II 2000, S. 648)
BFH, Beschl. v. 09.05.2001, XI B 151/00, DStR 2001, S. 1109
BFH, Beschl. v. 02.08.2001, VII B 290/99, BFHE 196, S. 4
(bzw. BStBl. II 2001, S. 665)
BFH, Beschl. v. 16.07.2002, IX R 62/99, BFHE 199, S. 451
(bzw. BStBl. II 2003, S. 74; FR 2002, S. 1283)
BFH, Beschl. v. 11.06.2003, IV B 47/03, DStR 2003, S. 1251
BFH, Beschl. v. 11.06.2003, IX B 16/03, DB 2003, S. 1481
BFH, Beschl. v. 21.10.2003, VII B 85/03, DStR 2003, S. 2113
BFH, Beschl. v. 04.08.2003, IX B 45/03, BFH/NV 2004, S. 37

Unterinstanzen:

FG Schleswig-Holstein	Urt. v. 23.09.1999, V-7/99, EFG 2000, S. 178
FG Meckl.-Vorpommern	Beschl. v. 25.11.2002, 2 V 146/02 (rkr.), DStRE 2003, S. 616
FG Düsseldorf	Beschl. v. 13.12.2002, 18-V-2497/02, EFG 2003, S. 557 (Beschwerde zum BFH, Az. IX B 16/03)
FG Hamburg	Beschl. .v 24.01.2003, III 384/02 (rkr.), DStRE 2003, S. 617

FG Münster	Beschl. v. 11.02.2003, 11-V-6957/02, EFG 2003, S. 677 (Beschwerde zum BFH, Az. VII B 85/03)
FG Niedersachsen	Beschl. v. 16.05.2003, 13 V 184/03, EFG 2003, S. 1093 (Beschwerde zum BFH, Az. IX B 89/03)
FG Münster,	Beschl. v. 25.06.2003, 4 V 6194/02 E (rkr.), EFG 2003, S. 1317

Jeder ist berufen, etwas in der Welt
zur Vollendung zu bringen.
Martin Buber

A. Hintergrund

Die Besteuerung privater Veräußerungsgeschäfte[1] im Sinne des § 23 EStG ist in jüngster Zeit Gegenstand der Rechtsprechung sowohl des Bundesverfassungsgerichts[2] (BVerfG) als auch des vorlegenden IX. Senats des Bundesfinanzhofs (BFH)[3] geworden. Der BFH rügte einen Verstoß des § 23 Abs. 1 Satz 1 Nr. 1 lit. b EStG 1997 gegen das Gleichheitsgebot des Art. 3 Abs. 1 GG. Grundsätzliche Abhilfe - so der Vorlagebeschluss des BFH – könne nur der Gesetzgeber selbst schaffen. Das Bundesverfassungsgericht folgte mit Urteil vom 9. März 2004 der Rechtsansicht des BFH und stellte fest, dass die Durchsetzung des Steueranspruchs im Bereich der Wertpapier-Veräußerungsgeschäfte in den Veranlagungszeiträumen 1997 und 1998 wegen struktureller Vollzugsdefizite weitgehend vereitelt war und damit ein dem Gesetzgeber zuzurechnendes gleichheitswidriges Erhebungsdefizit bestand. Das Bundesverfassungsgericht erklärte die Regelung des § 23 Abs. 1 Satz 1 Nr. 1 lit. b EStG 1997 folgerichtig für verfassungswidrig und nichtig. Das strukturelle Vollzugsdefizit im Bereich der Wertpapier-Veräußerungsgeschäfte hat sich in den Veranlagungszeiträumen seit 1999 gegenüber dem vom Bundesverfassungsgericht beurteilten Zeitraum noch verschärft.

Damit rückt die Notwendigkeit einer Reform der Veräußerungsgewinnbesteuerung in den Mittelpunkt des Interesses[4]. Dem Gesetzgeber stehen für die notwendige Neuregelung mehrere Möglichkeiten zur Verfügung. Ob eine Beibehaltung des Status quo der Kapitaleinkommensbesteuerung nach dem Leitbild der synthetischen Einkommensteuer oder eine grundlegende konzeptionelle Neugestaltung des Steuersystems vorzuziehen ist, hängt allerdings nicht zuletzt auch von der politischen Durchsetzbarkeit eines solchen Vorhabens ab.

Möglicherweise greift der Gesetzgeber auf eine noch im Entwurf zum Steuervergünstigungsabbaugesetz 2003 (StVergAbG-E) vorgesehene Konzeption zu-

---

[1] Die Begriffe Spekulations- und private Veräußerungsgewinne werden nachfolgend synonym verwendet.

[2] BVerfG, Urt. v. 09.03.2004, 2 BvL 17/02, NJW 2004, S. 1022 = FR 2004, S. 470; zudem ist auch die Frage der gleichheitsgerechten Erfassung von Zinseinkünften erneut beim BVerfG anhängig unter Az. 2 BvR 620/03.

[3] Vorlagebeschluss: BFH, Beschl. v. 16.07.2002, IX R 62/99, FR 2002, S. 1283; Aussetzungsbeschlüsse: BFH, Beschl. v. 11.06.2003, IX B 16/03, DB 2003, S. 1481 zu § 23 Abs. 1 S. 1 Nr. 1 lit. b EStG 1997; zur Nachfolgeregelung: BFH, Beschl. v. 04.08.2003, IX B 45/03, BFH/NV 2004, S. 37 zu § 23 Abs. 1 Satz 1 Nr. 2 EStG i.d.F. des StEntlG 1999/2000/2002.

[4] So auch Hey, DB 2004, S. 724; Jacob/Vieten, FR 2004, S. 482; Kraft/Bäuml, FR 2004, S. 443; Jachmann, BB 2003, S. 2712.

rück[5]. Deren Ziel war es, gerade die im Vorlagebeschluss des BFH gerügten und vom Bundesverfassungsgericht bestätigten Defizite zu beseitigen. Die erst im Vermittlungsausschuss verworfene Regelung sah neben der Einführung von Kontrollmitteilungsverfahren für Spekulationserträge eine pauschale Besteuerung der Einkünfte aus privaten Veräußerungsgeschäften unabhängig von etwaigen Behaltensfristen vor. In Erweiterung dieses Ansatzes käme auch eine steuerliche Gleichbehandlung betrieblicher und privater Veräußerungsgeschäfte im Rahmen einer einheitlichen Veräußerungsgewinnbesteuerung in betracht. Im Zusammenhang mit dem Vorlagebeschluss des BFH vom 16. Juli 2002 und dem Urteil des Bundesverfassungsgerichts vom 9. März 2004 ebenfalls diskutiert wird die Einführung einer Abgeltungssteuer für Kapitalerträge nach österreichischem Vorbild.

Sollte sich ein parteiübergreifender Konsens für eine „große Steuerreform" finden, würde diese zwingend auch die Neugestaltung der Veräußerungsgewinnbesteuerung beinhalten. Zur Debatte stehen im Wesentlichen zwei konkurrierende Steuersystemkonzepte – einerseits das traditionelle Leitbild der am Kalenderjahr orientierten und jeglichen periodischen Vermögenszuwachs erfassenden einkommensbasierten Besteuerung, andererseits das an einer lebenszeitlichen Sichtweise orientierte Leitbild, nach dem der Lebenskonsum der Bürger nur einmalig belastet werden soll. Diese Konzepte werden exemplarisch auf Grundlage der Reformvorschläge des Juristen *Paul Kirchhof* bzw. des Ökonomen *Manfred Rose* erörtert.

Sämtliche Reformvorschläge müssen sich am Maßstab bestimmter für das Steuerrecht relevanter verfassungsrechtlicher und systematischer Vorgaben messen lassen. Diese sind im Falle der Neuregelung der Besteuerung privater Veräußerungsgeschäfte vom Gesetzgeber zwingend zu beachten.

Die vorliegende Arbeit analysiert mögliche Reformmodelle insbesondere anhand der verfassungsrechtlichen Kriterien des Gleichmäßigkeits- und des Leistungsfähigkeitsprinzips sowie der steuersystematischen Maßgaben der synthetischen Einkommensteuer in Abgrenzung zum Modell der Schedulensteuer. In diesem Zusammenhang wird auch auf das der deutschen Kapitaleinkommensbesteuerung immanente dualistische Prinzip der Einkünfteermittlung eingegangen.

Die Untersuchung beschränkt sich auf die für die Besteuerung privater Veräußerungsgeschäfte relevanten Aspekte und hier auf die vorgenannten verfassungsrechtlichen und systematischen Maßgaben. Nicht Gegenstand der Untersuchung

---

[5] Vgl. FAZ v. 16.09.2003, S. 13 „SPD hat Aktiengewinne und Erbschaften im Visier" und S.14 „Die Aktiensteuer wird zum Déjà-vu"; auch die CDU scheint dem Gedanken nicht abgeneigt, vgl. FAZ v. 29.09.2003, S.11 „Auch die CDU will an Veräußerungsgewinne".

sind Fragen der Finanzierung bzw. der Aufkommensneutralität etwaiger Reformvorschläge oder die Bewertung der Reformansätze in ihrer Gesamtheit.

B. Steuertheoretische Grundlagen

Im Folgenden werden die für die vorliegende Arbeit relevanten systematischen und verfassungsrechtlichen Grundsätze der deutschen Kapitaleinkommensbesteuerung erörtert. Dies umfasst die Darstellung der grundlegenden theoretischen Ausrichtung des Einkommensteuerrechts nach dem Modell einer synthetischen Einkommensteuer in Abgrenzung zu dem Modell einer Schedulensteuer. Daneben wird mit dem Gleichmäßigkeitsprinzip auf die wesentliche verfassungsrechtliche Vorgabe für die Ausgestaltung der Besteuerung privater Veräußerungsgeschäfte eingegangen. Schließlich ist mit dem Prinzip der dualistischen Einkünfteermittlung noch eine Eigenheit der deutschen Kapitaleinkommensbesteuerung zu erläutern.

I. Synthetische Einkommensteuer versus Schedulensteuer im System der Kapitaleinkommensbesteuerung

Galt Ende der siebziger Jahre das Konzept einer sogenannten „synthetischen", alle Arten von Einkommen gleichmäßig erfassenden und belastenden Einkommensteuer als das international anzustrebende Ideal[6], so hat sich mittlerweile das Bild der Besteuerung von Einkommen stark gewandelt[7]. Die Reform der Kapitaleinkommensbesteuerung hat in mehreren europäischen Staaten zur Aufgabe der Idee einer „synthetischen Einkommensteuer" geführt[8]. So haben etwa die Niederlande die gesamte Einkommensteuer auf ein Schedulensystem mit drei Einkünftegruppen ausgerichtet. Die Besteuerung der Kapitaleinkünfte (Proportionalsteuersatz von 28 – 30 %) ist gegenüber der des Arbeitseinkommens (Progressive Besteuerung mit 50 % und mehr) generell reduziert worden[9]. Mit der konzeptionellen Trennung von Arbeits- und Kapitaleinkünften (Dual Income Tax) haben sich die Steuersysteme auch in anderen EU-Staaten vom tradierten

---

[6] Lang, Die Bemessungsgrundlage der Einkommensteuer, Köln 1981/88, S. 218 ff.
[7] Lang, DStJG Bd. 24 (2001), S. 49, 50.
[8] Die skandinavischen Staaten, Italien, die Niederlande und Österreich waren besonders reformfreudig. U.a. Finnland, Norwegen und Schweden suchen ihr Heil in der sog. Dual Income Tax. Österreich etwa praktiziert die Endbesteuerung von Zinsen (Schedulisierung der Zinsbesteuerung); vgl. dazu Wagner, DB 1999, S. 1520; Lang, DStJG Bd. 24 (2001), S. 49, 50, 53; Kanzler, FR 1999, S. 363 (zu Großbritannien).
[9] Wagner, DB 1999, S. 1520; Lang, DStJG Bd. 24 (2001), S. 49, 50, 53.

Einkommensverständnis gelöst und sich Fragen der wirtschaftlichen Zweckmäßigkeit der Besteuerung von Einkommensquellen zugewendet[10].

1. Kapitalorientierte Einkommensbesteuerung

Das deutsche System der Besteuerung ist, korrespondierend mit dem (noch) vorherrschenden weltweiten Verständnis, kapitalorientiert. Dem Konzept kapitalorientierter Besteuerung entspricht neben den Substanzsteuern insbesondere die Ausgestaltung der Einkommensteuer nach der auf die Markteinkommenstheorie reduzierten und durch die Quellentheorie beschränkten Reinvermögenszugangstheorie (Kapitaleinkommensteuer)[11]. Im Unterschied zur Ausgabensteuer knüpft das gegenwärtige Einkommensteuerkonzept demnach nicht an den tatsächlichen Konsum, sondern an das Markteinkommen an. In diesem Sinn bedeutet „Konsumierbarkeit" das Ausscheiden des Einkommens aus der Steuerverstrickung, so dass es abschließend progressiv zu besteuern ist. Ob es tatsächlich konsumiert, in das Ausland verbracht oder in anderer Weise im nicht steuerbaren Bereich verwendet wird, ist für die Markteinkommensteuer gleichgültig[12]. Für diesen dem Grunde nach nutzentheoretischen Einkommensbegriff ist die Art der Einkommensverwendung demnach grundsätzlich unerheblich. Indikator der steuerlichen Leistungsfähigkeit ist nicht die tatsächlich durchgeführte, sondern die „potentielle Bedürfnisbefriedigung" oder die Konsummöglichkeit[13].

Demgegenüber unterscheiden die Vertreter eines konsumtheoretischen Besteuerungskonzepts zwischen der konsumtiven Nutzung des Einkommens und der Einkommensverwendung zur Ersparnisbildung. Nach dieser Ansicht ist Indikator steuerlicher Leistungsfähigkeit die Verwirklichung von Bedürfnisbefriedigung. Der Konsum verschaffe durch die Bedarfsdeckung (Konsumausgaben) eine Bedürfnisbefriedigung, während das Sparen einen Konsumverzicht im Zeitpunkt der Ersparnisbildung bedeute[14]. Grundlage einer Besteuerung nach der Leistungsfähigkeit seien daher lediglich die konsumierten Einkünfte. Die Ersparnisse stellten im Zeitpunkt des Sparens kein echtes Einkommen dar, da sie

---

[10] Wagner, DB 1999, S. 1520.

[11] H.W. Sinn, Kapitaleinkommensbesteuerung, Eine Analyse der intertemporalen, internationalen und intersektoralen Allokationswirkungen, Tübingen, 1985.

[12] Lang, DStJG Bd. 24 (2001), S. 49, 115 Fn. 258.

[13] Für die Anhänger nutzentheoretischer Einkommenskonzepte steht die Verwendungsmöglichkeit des Einkommens im Vordergrund. Sie knüpfen damit an die Überlegungen der Konsumtionsfondstheorie an; vgl. dazu im Einzelnen Kirchhof, in Kirchhof/Söhn, EStG, § 2 Rn. A 297 ff., A 344, A 350.

[14] Schneider, Zeitschrift für betriebswirtschaftliche Forschung , Jg. 23 (1971), S. 352 ff.; ders. FinArch, NF, Bd. 37 (1979), S. 26 ff.; Ebnet, Die Besteuerung des Wertzuwachses, Baden-Baden 1978, S. 42 ff.

keine Bedürfnisbefriedigung schafften[15]. Eine Besteuerung der Ersparnisse sei außerdem unvertretbar, weil sie zu einer Doppelbesteuerung des Einkommens führe. Das Einkommen werde zunächst im Zeitpunkt der Ersparnisbildung besteuert; die Ersparnisse führten zur Vermögensbildung und brächten in Form von Erträgen zusätzliche Einkünfte, die wiederum besteuert würden. Die Einkommensteuer treffe somit zum einen die Ersparnisbildung und zum anderen die Ersparniserträge und belaste im Ergebnis das Sparen zweimal[16].

Die Bemessung der individuellen Leistungsfähigkeit nach der Bedürfnisbefriedigung führt nach dieser Ansicht zur Besteuerung des Konsums, nicht des Einkommens. Dieser Befund hat bereits *Fisher*[17] veranlasst, eine Einkommensdefinition vorzuschlagen, nach der nur die konsumierten Einkünfte echtes Einkommen darstellen. Das Einkommen entspreche der Summe der Konsumausgaben eines Wirtschaftssubjekts. Die Ersparnisse sind nicht Bestandteil des Einkommens. Erst die Erträge des Einkommens werden in dem Zeitpunkt einkommensteuerlich erfasst, in dem sie konsumtiv genutzt werden[18].

Auch die Vertreter eines konsumtheoretischen Besteuerungskonzepts interpretieren jedoch überwiegend das Einkommen im Sinne der Reinvermögenszugangstheorie als Zufluss ökonomischer Verfügungsmacht. Ihr steuerpolitischer Ansatz zielt nicht auf eine Modifikation, sondern auf eine Ersetzung des Einkommenstatbestandes. Wenn Hauptindikator der steuerlichen Leistungsfähigkeit nicht das Einkommen, sondern der Konsum sei, müsse die Einkommensteuer durch eine allgemeine persönliche Ausgabensteuer ersetzt werden[19].

In der deutschen Steuergesetzgebung wurden die jahrzehnte alten Regelungen der einkommensbasierten (und nicht konsumorientierten) Besteuerung von Kapitaleinkommen auf der Grundlage des dualistischen Einkommensbegriffs bisher nicht in Frage gestellt[20]. Prinzipiell ist die Kapitaleinkommensteuer auf eine Erfassung der Besteuerungsgrundlagen bei der Einkommensentstehung angewiesen (bewerteter Vermögensstatus gemäß dem *Schanz-Haig-Simons*-

---

[15] Schneider, Zeitschrift für betriebswirtschaftliche Forschung , Jg. 23 (1971), S. 352 ff.; ders. FinArch, NF, Bd. 37 (1979), S. 26 ff.; Ebnet, Die Besteuerung des Wertzuwachses, Baden-Baden 1978, S. 42 ff.

[16] Schneider, Zeitschrift für betriebswirtschaftliche Forschung , Jg. 23 (1971), S. 352, 365 ff.; Kirchhof, in Kirchhof/Söhn, EStG, § 2 Rn. A 352 m.w.N.

[17] Fisher, The Theory of Interest, New York 1930, S. 10; vgl. auch Schneider, FinArch, NF, Bd. 37 (1979), S. 26, 47.

[18] Kirchhof, in Kirchhof/Söhn, EStG, § 2 Rn. A 353 m.w.N.

[19] Schneider, Zeitschrift für betriebswirtschaftliche Forschung , Jg. 23 (1971), S. 352; Kirchhof, in Kirchhof/Söhn, EStG, § 2 Rn. A 354.

[20] Lang, DStJG Bd. 24 (2001), S. 49, 75; Wagner, DB 1999, S. 1520.

Konzept[21]). Insbesondere bei der Erfassung „privater Einkunftsarten" im Rahmen der Quellentheorie wird dieses Erfordernis durchbrochen.

2. Synthetische Einkommensteuer versus Schedulensteuer – hybride Einkommensteuer in Deutschland

Das Ideal deutschen Einkommensteuerrechts ist die „synthetische" Gesamt- oder Einheitseinkommensteuer[22]. Synthese ist die Zusammenfügung einzelner Teile zu einem einheitlichen Ganzen. Die synthetische Einkommensteuer ist demzufolge eine Einheitssteuer, die alle steuerbaren Einkünfte in der Summe der Einkünfte zusammenfasst und auf das Gesamteinkommen einen einheitlichen Tarif anwendet[23]. Eine gleichmäßige Austeilung der Steuerlasten setzt im Prinzip die Gleichbehandlung der Einkunftsarten, also ein synthetisches Einkommensteuersystem voraus[24]. Das synthetische Prinzip gebietet die vollständige Besteuerung von Veräußerungseinkünften[25].

Im Gegensatz dazu steht das sogenannte „Schedulensystem", in welchem die Besteuerung des Einkommens getrennt nach verschiedenen Einkunftsarten durchgeführt wird[26]. Im System einer Schedulensteuer (Dual Income Tax) werden Zuflüsse oder Wertsteigerungen aus abschließend aufgezählten Einkunftsquellen erfasst. Jede dieser Einkunftsquellen unterliegt einem gesonderten rechtlichen Regime (häufig auch je eigenen Steuersätzen[27]), so dass verschiedene Einkunftsarten unverbunden nebeneinander stehen[28]. Das Gesamteinkommen spielt dabei als Bemessungsgrundlage keine Rolle[29]. Die unterschiedliche Behandlung der Einkunftsarten im System der Schedulensteuer kann ökonomisch

---

[21] In der finanzwissenschaftlichen Literatur auch als SHS bezeichnet, vgl. Blankart, Öffentliche Finanzen in der Demokratie, 4. Aufl. München 2001, S. 257 ff. und zu möglichen Verzerrungen S. 289 ff.; zum allgemeinen Sprachgebrauch siehe auch Tipke/Lang, Steuerrecht, 17. Aufl. Köln 2002, § 8 Rn. 32 mit Verweis auf: v. Schanz, FinArch Bd. 13 (1896), S. 1; The Concept of Income: Economic and Legal Aspects, in: R.M. Haig (Hrsg.), The Federal Income Tax, Columbia University Press, 1921, S. 7; H. Simons, Personal Income Taxation, University of Chicago Press, 1938.

[22] Vgl. u.a. Tipke/Lang, Steuerrecht, 17. Aufl. Köln 2002, § 9 Rn. 1; Kanzler, FR 1999, S. 363.

[23] Faltlhauser, Die Verlockungen der Schedule, in: FS für Wolfgang Ritter, Köln 1997, S. 511, 512.

[24] Lang, DStJG Bd. 24 (2001), S. 49, 60.

[25] Lang, DStJG Bd. 24 (2001), S. 49, 119.

[26] Faltlhauser, Die Verlockungen der Schedule, in: FS für Wolfgang Ritter, Köln 1997, S. 511, 512.

[27] Handzik, in: Littmann/Bitz/Pust, Das Einkommensteuerrecht, § 2 Rn. 36.

[28] Scheurle, DB 1995, S. 543.

[29] Faltlhauser, Die Verlockungen der Schedule, in: FS für Wolfgang Ritter, Köln 1997, S. 511, 512.

erwünscht sein, etwa weil spezifische steuerliche Verzerrungen einzelner Einkunftsarten kompensiert werden sollen oder weil bestimmte ökonomische Aktivitäten gezielt zu fördern sind[30].

Mit der Bildung der „Summe der Einkünfte" (§ 2 Abs. 3 EStG) trifft das deutsche Einkommensteuergesetz eine grundsätzliche Entscheidung gegen eine nach Einkunftsarten differenzierende Schedulensteuer. Denn bei einem einheitlichen Steuersatz muss die Gleichheit der dem einzelnen Steuerpflichtigen zugeteilten Belastung bereits durch die gleichheitsgerechte Ausgestaltung der Bemessungsgrundlage gesichert werden[31]. In der Umschreibung der Einkunftsquellen durch § 2 Abs. 1 EStG und der Summenbildung nach § 2 Abs. 3 EStG als Ausgangsgröße für das zu versteuernde Einkommen, das die Bemessungsgrundlage für die tarifliche (§ 32a EStG) Einkommensteuer bildet (§ 2 Abs. 5 Satz 1 EStG), liegt die Wertung des Gesetzgebers, dass grundsätzlich alle Wertzuflüsse qualitativ und quantitativ gleichwertig sind und nach gleichen Maßstäben zu belasten sind[32]. Indem das Einkommensteuergesetz die Einkünfte zu einer Summe – „synthetisch" - zusammenfügt (§ 2 Abs. 1 und 2 EStG), hat es eine grundlegende steuerliche Sachgesetzlichkeit statuiert[33].

Das geltende Einkommensteuerrecht ist demnach vom Grundsatz her eine Individualsteuer, die ursprünglich als Einheitssteuer („synthetische Steuer") gestaltet worden war. Im Laufe der Zeit ist der Grundsatz der Gleichheit bzw. Gleichwertigkeit der Einkunftsarten allerdings durch zahlreiche Differenzierungen durchbrochen worden[34]. So widerspricht die grundsätzliche Steuerfreiheit von Veräußerungsgewinnen bei Überschusseinkünften dem traditionellen Konzept der Einkommensteuer, folgt jedoch dem konsumorientierten Konzept zur Vermeidung steuerlicher Mehrfachbelastungen. Aber auch im Falle der Versteuerung der Veräußerungsgewinne weicht das geltende Recht insofern vom traditionellen Konzept ab, als der Wertzuwachs des veräußerten Wirtschaftsguts nicht am Ende jeder Periode, sondern im Zeitpunkt der Veräußerung angesetzt wird[35]. Die Zusammenführung der Einkünfte zu dem zu versteuernden Einkommen – geprägt von der Idee einer synthetischen Einkommensteuer - kann demnach nicht

[30] Kanzler, FR 1999, S. 363 ff.

[31] Kirchhof, in Kirchhof/Söhn, EStG, § 2 Rn. A 672 ff.; BFH, Beschl. v. 24.02.1999, X R 171/96, BStBl. II 1999, S. 450, 459; vertiefend dazu Wagner, StuW 2000, S. 431; Handzik, in: Littmann/Bitz/Pust, Das Einkommensteuerrecht, § 2 Rn. 36.

[32] Vgl. auch Kirchhof, in Kirchhof/Söhn, EStG, § 2 Rn. A 672 ff.; Stoll, Verluste und Verlustquellen im Steuerrecht, Wien 1989, S. 136 ff.; Tipke, Die Steuerrechtsordnung, Bd. II, Köln 1993, S. 593 ff.

[33] Möstl, DStR 2003, S. 720, 723.

[34] Lang, DStJG Bd. 24 (2001), S.49, 73, 74; Scheurle, DB 1995, S. 543.

[35] Lang, DStJG Bd. 24 (2001), S. 49, 83; Wenger, StuW 2000, S. 177.

darüber hinwegtäuschen, dass das geltende Einkommensteuerrecht nicht nur vereinzelt Züge einer Schedulensteuer (Dual Income Tax) aufweist[36]. Vielmehr lassen sich im geltenden Einkommensteuersystem noch zahlreiche weitere Regelungen identifizieren, welche den vermeintlich einkommensorientierten Systemcharakter in Richtung eines konsumbasierten steuerlichen Systems verfremden[37]. Im Bereich der privaten Kapitaleinkünfte sind dies beispielsweise die weitgehende Nichtbesteuerung der Zinserträge, die Beschränkung der Steuerbarkeit der privaten Veräußerungsgewinne auf die §§ 17, 23 EStG sowie die steuerliche Behandlung der Versorgungsbezüge der Beamten[38]. Die Entwicklung geht hin zu einem System der Schedulensteuer, in dem die einzelnen Einkunftsquellen und die Einkünfte daraus separiert und unterschiedlichen Rechtsfolgen (Tarifen) unterworfen werden[39].

Unter anderem *Lang*[40] spricht in diesem Zusammenhang bereits von einer „Hybridizität" der Einkommensteuer. Die Diskussion einer grundsätzlichen Reform der Besteuerung von Kapitaleinkünften ist allerdings an Deutschland bisher vorbeigegangen[41].

---

[36] Jacobs/Schreiber/Spengel/Gutekunst/Lammersen, DB 2003, S. 519, 521; Lang, DStJG Bd. 24 (2001), S. 49, 73, 74; Scheurle, DB 1995, S. 543; Kanzler, FR 1999, S. 363, unter Hinweis auf den Einkünftedualismus, die (auch damit zusammenhängende) unterschiedliche Erfassung der Erträge und der Ermittlung der Einkünfte sowie zahlreichen weiteren Beispielen; Kanzler, FR 2000, S. 1245, 1248; Faltlhauser, Die Verlockungen der Schedule, in: FS für Wolfgang Ritter, Köln 1997, S. 511, 513-518.

[37] Niehus, DStZ 2000, S. 697, 701.

[38] Niehus, DStZ 2000, S. 697, 701; zu den Versorgungsbezügen bei Beamten vgl. auch BVerfG, Urt. v. 06.05.2002, 2 BvL 17/99, BVerfGE 105, S. 73, in dem die Unvereinbarkeit der unterschiedlichen Besteuerung von Beamtenpensionen und Renten aus der gesetzlichen Rentenversicherung mit Art. 3 Abs. 1 GG festgestellt und die Abschaffung dieser Ungleichbehandlung gefordert wurde.

[39] Scheurle, DB 1995, S. 543; Niehus, DStZ 2000, S. 697, 701.

[40] Lang, DStJG Bd. 24 (2001), S. 49, 83 m.w.N.; siehe dazu auch: Tipke/Lang, Steuerrecht, 17. Aufl. Köln 2002, § 8 Rn. 33 m.w.N., wo ausgeführt wird, dass die Einkommensbesteuerung auch unter dem Aspekt des Ideals einer überperiodisch (intertemporal) gleichmäßigen Besteuerung der Markteinkommen einen hybriden Charakter deshalb hat, weil die verschiedenen Einkunftsarten teils konsum-, teils kapitalorientiert besteuert werden; Jacobs/Schreiber/Spengel/Gutekunst/Lammersen, DB 2003, S. 519, 521, 522; Niehus, DStZ 2000, S. 697, 701; Kanzler, FR 1999, S. 363 ff.

[41] Hey, DB 2004, S. 724, 730; Kraft/Bäuml, FR 2004, S. 443, 445; Lang, DStJG Bd. 24 (2001), S. 49, 75; Wagner, DB 1999, S. 1520.

II. Gleichheitsprinzip und Leistungsfähigkeitsprinzip

Bereits aus der Definition der Steuer (§ 3 Abs. 1 Satz 1 AO) ergibt sich ein Hinweis auf den Grundsatz der Gleichmäßigkeit der Besteuerung[42], der allerdings seine Rechtsgrundlage vorrangig im allgemeinen Gleichheitssatz des Art. 3 Abs. 1 GG sowie in § 85 AO hat[43]. Das Fundamentalprinzip[44] der Besteuerung nach der persönlichen Leistungsfähigkeit wird im Grundgesetz hingegen nicht ausdrücklich angesprochen. Während die Weimarer Reichsverfassung in Art. 134 eine Besteuerung nach dem Prinzip der Leistungsfähigkeit ausdrücklich forderte, nennt das Grundgesetz keine derartige Besteuerungsmaxime[45]. Dass die Besteuerung dennoch an der persönlichen Leistungsfähigkeit des Steuerpflichtigen ausgerichtet werden muss, folgt für das Bundesverfassungsgericht (BVerfG) aus dem allgemeinen Gleichheitssatz (Art. 3 Abs. 1 GG) in seiner bereichsspezifischen Anwendung auf das Steuerrecht[46]. Es sei „ein grundsätzliches Gebot der Steuergerechtigkeit, dass die Besteuerung nach der persönlichen Leistungsfähigkeit ausgerichtet wird. Das gilt insbesondere für die Einkommensteuer"; diese ist auf die Leistungsfähigkeit des einzelnen Steuerpflichtigen hin angelegt[47]. In diesem Verständnis erfordert der Gleichheitsgedanke des Steuerrechts eine sich an unterschiedlicher wirtschaftlicher Leistungsfähigkeit ausrich-

---

[42] Bachem, in: Bordewin/Brandt, EStG, § 2 Rn. 12; BVerfG, Urt. v. 27.06.1991, 2 BvR 1493/89, BVerfGE 84, S. 239, BStBl. II 1991, S. 654.

[43] § 85 AO wiederholt die verfassungsrechtliche Aufgabe der Finanzbehörden zur Verwaltung der inländischen Steuern (Art. 108 GG) und stellt die verfassungsrechtliche Verpflichtung zur gesetzmäßigen und gleichmäßigen Besteuerung als Aufgabe der Finanzbehörden besonders heraus; vgl. dazu Söhn, in: Hübschmann/Hepp/Spitaler, Kommentar zur AO/FGO, § 85 Rn. 12, 28; Birk, StuW 1989, S. 212, 213; Bachem, in: Bordewin/Brandt, EStG, § 2 Rn. 12; Jachmann, StuW 1998, S. 193, 198.

[44] So Waigel, Die Erarbeitung der Petersberger Steuervorschläge durch die Steuerreform–Kommission, in: FS für Klaus Offerhaus, Köln 1999, S. 983, 986.

[45] Die Pflicht, bei der Definition des staatlichen Finanzbedarfs eine Überbelastung des Steuerpflichtigen zu vermeiden (Art. 106 Abs. 3 Satz 4 Nr. 2 GG), ist nur eine finanzverfassungsrechtliche Vorkehrung gegen einen Ausgabenwettlauf zwischen Bund und Ländern, nicht ein Maßstab für die Bundesgesetzgebung, vgl. Kirchhof, StuW 1985, S. 319, 322.

[46] BVerfG, Urt. v. 23.01.1990, 1 BvL 4, 5, 6, 7/87, BStBl. II 1990, S. 483, 486; BVerfG, Urt. v. 22.06.1995, 2 BvL 37/91, BStBl. II 1995, S. 655, 660; Jäschke, in: Lademann, EStG, § 2 Anm. 4; Bachem, in: Bordewin/Brandt, EStG, § 2 Rn. 21.

[47] Vgl. u.a. BVerfG, Urt. v. 22.02.1984, 1 BvL 10/80, BStBl. II 1984, S. 357, 359; zur Kritik am Leistungsfähigkeitsbegriff als „allgemeiner Nivellierungsbegriff" vgl. Leisner, StuW 1983, S. 97-102; dagegen wendet sich zu Recht Birk, StuW 1983, S. 293-299; auch Bachem, in: Bordewin/Brandt, EStG, § 2 Rn. 21 schreibt zu recht, dass man das Leistungsfähigkeitsprinzip aufgrund der Normenhierarchie als auch aufgrund allgemeiner juristischer Methodenlehre als Prüfungsmaßstab nicht vernachlässigen darf; ebenso: Lang, DStJG Bd. 24 (2001), S. 49, 55-58.

tende Besteuerung[48]. Dies entspricht der Wertung des allgemeinen Gleichheitssatzes, wonach Gleiches gleich und Ungleiches entsprechend seinen Unterschieden unterschiedlich zu behandeln ist.

1. Leistungsfähigkeitsprinzip und Steuergegenstand

Die Besteuerung nach der wirtschaftlichen Leistungsfähigkeit steht grundsätzlich im Einklang mit den ökonomischen Zielvorgaben der Entscheidungsneutralität und Allokationseffizienz[49]. Wenngleich auch die ökonomische Neutralität auf eine Gleichbehandlung von Handlungsalternativen und die Gleichmäßigkeit auf eine Gleichbehandlung von Personen abzielt[50], so bedeutet doch auch die Orientierung der Besteuerung an der wirtschaftlichen Leistungsfähigkeit, dass sich die Besteuerung einer Motivationsbeeinflussung in Richtung einer Begünstigung von Handlungsalternativen enthält[51].

Zur Ausformung des Leistungsfähigkeitsprinzips im Einzelnen ist der demokratisch legitimierte Gesetzgeber berufen. Ihm obliegt etwa grundsätzlich die Entscheidung zwischen Einkommen und Konsum als Steuergegenstand[52], d.h. insbesondere darüber, inwieweit die Ersparnisse des Individuums der Besteuerung unterliegen sollen.
Das Leistungsfähigkeitsprinzip bemisst die individuelle Steuerbelastung, kann also nur auf die persönlichen Einkommens-, Vermögens- und Bedarfsverhältnisse abgestimmt sein und entfaltet daher seine Geltung in der Konsequenz nur im Bereich der direkten Besteuerung[53].

Die Besteuerung der individuellen Leistungsfähigkeit bestimmt den Maßstab für die Besteuerungsgleichheit[54]. Die Konkretisierung dieses Maßstabs äußert sich im geltenden Einkommensteuerrecht dadurch, dass die Einkommensteuer nur die Vermögensmehrung erfasst, nicht den Vermögensbestand. Die Einkommensteuer belastet das Hinzuerworbene; eine bloße Umschichtung des Vermögens hat grundsätzlich keine einkommensteuerrechtlichen Folgen. Die Besteuerung lediglich des Vermögenszuwachses trägt dem (eigentums-) grundrechtlichen Schutz des individuell erworbenen Einkommens (Vermögen) Rechnung. Artikel 14 GG schützt nur konkrete Rechtspositionen und nicht das Vermögen

---

[48] Birk, StuW 1989, S. 212, 213.
[49] Jachmann, StuW 1998, S. 193, 198; grundlegend dazu Elschen, StuW 1991, S. 99, 110 ff.; kritisch dazu Wagner, StuW 1992, S. 2, 7.
[50] Wagner, StuW 1992, S. 2, 7.
[51] Ebenso: Jachmann, StuW 1998, S. 193, 198.
[52] Jachmann, StuW 1998, S. 193, 199; ebenso Küting/Kessler, DStR 1998, S. 1937, 1939.
[53] Kirchhof, StuW 1985, S. 319, 324.
[54] Vgl. i.E. Kirchhof, StuW 1984, S. 297; Kirchhof, StuW 1985, S. 319, 321.

als solches. Bei Anknüpfung einer Steuer an den Bestand oder die Verwendung von eigentumsgeschützten Positionen wird der Eigentumsschutz dieser Positionen nicht ausgelöst. Die Einkommensteuer greift nur auf das soeben erworbene, noch nicht in die endgültige private Nutzung genommene Vermögen zu und wahrt damit die verfassungsrechtliche Vermögensbestandsgarantie[55].

Der verfassungsrechtliche Schutz vorhandenen Individualvermögens hat insbesondere auch zur Folge, dass das Einkommensteuergesetz grundsätzlich nicht die Wertsteigerungen im vorhandenen Vermögen besteuert, sondern nur den Zufluss neuer Vermögensgüter. Die Neueinschätzung eines Wirtschaftsguts durch potentielle Nachfrager verbessert die Veräußerbarkeit des Gutes und die Kreditfähigkeit des Eigentümers, vermehrt das wirtschaftliche Handlungsvermögen des Eigentümers aber erst bei Disposition über sein Eigentum. Bis zur Veräußerung bleiben die für den Steuerpflichtigen verfügbaren Wirtschaftsgüter, d.h. seine Zahlungsfähigkeit identisch. Die Einkommensteuer findet keinen Vermögenszuwachs vor. Die einkommensteuerliche Belastung allein der realisierten Vermögensmehrung, nicht einer bloßen Wertsteigerung, entspricht dem verfassungsrechtlichen Bestandsschutz. Art. 14 GG schützt den Bestand an Sachgütern als konkrete Rechtspositionen und nicht das Vermögen als solches. Die Eigentumsgarantie ist Sachbestandsschutz, nicht Wertschutz. Die durch das Einkommen und Vermögen vermittelte ökonomische Handlungsfreiheit stützt sich auf die Herrschaft über Wirtschaftsgüter, nicht auf die Einschätzung der Wirtschaftsgüter durch die Rechtsgemeinschaft. Einkommensteuerbar ist deshalb nicht eine Wertentwicklung im Bestand vorhandenen Vermögens, sondern erst die durch einen Umsatzvorgang realisierte Wertsteigerung[56].

Die Einkommensteuer belastet allerdings nicht jeden Vermögenszuwachs, sondern nur den durch Teilhabe am allgemeinen Güter- und Dienstleistungsmarkt erzielten Zuwachs. Steuerbar sind nur die Vermögensmehrungen, die aus bestimmten, im Einkommensteuergesetz benannten Erwerbsgrundlagen entstehen (Land- und Forstwirtschaft, Gewerbebetrieb, selbstständige und unselbstständige Arbeit, Kapitalvermögen, ein zur Gebrauchsüberlassung geeignetes Wirtschaftsgut, das Recht auf wiederkehrende Bezüge). Weitere Voraussetzung der Steuerbarkeit ist die Nutzung dieser Erwerbsgrundlagen, also ein Handlungstatbestand, der die individuelle Inanspruchnahme des Marktes und der den Markt ermöglichenden Rechts- und Wirtschaftsordnung zum Inhalt hat. Die im Markt repräsentierte Allgemeinheit hat die Erwerbsmöglichkeit bereitgestellt und deshalb zur Teilhabe der öffentlichen Hand am Ergebnis dieses marktabhängigen Austausches von Güter- und Dienstleistungen erhöht legitimiert. Außerdem hat der

---

[55] Kirchhof, StuW 1985, S. 319, 327 m.w.N.

[56] Kirchhof, StuW 1985, S. 319, 327.

Staat durch seine Gesetzgebung, seine Wirtschaftsaufsicht, seine Wirtschaftslenkung und Außenwirtschaftspolitik, seine Leistungen zur öffentlichen Bildung und Ausbildung der Bevölkerung und die Garantie innerer und äußerer Sicherheit den Einkommenserwerb wesentlich erleichtert. Nur wenn sich der Steuerpflichtige durch freiwillige Beteiligung am Markt in die Sphäre besonderer Sozialbindung begibt, ist ein steuerliches Ermitteln und Zugreifen nach dem Prinzip der Leistungsfähigkeitsbesteuerung gestattet[57].

Das Einkommensteuergesetz schränkt die Steuerbarkeit von Einkommen jedoch noch weiter ein. Nicht jedes durch Markterwerb erzielte Einkommen, sondern nur das in der Erwerbssphäre erzielte Einkommen unterliegt der Besteuerung. Im Einklang mit den Wertungen der Grundrechte unterscheidet das Einkommensteuergesetz zwischen einer gegen den Staat und damit auch gegen den Fiskus abgeschirmten Privatsphäre und einer auf den Hinzuerwerb von Einkommen angelegten Erwerbssphäre. Der Schutz individueller Privatheit fordert, die persönliche Lebensführung von der einkommensteuererheblichen Erwerbstätigkeit abzugrenzen. Deshalb unterscheidet das Einkommensteuergesetz insbesondere auch zwischen dem (steuererheblichen) Betriebsvermögen und dem (steuerunerheblichen) Privatvermögen[58].

In der Konsequenz hätten nach diesem Ansatz Vermögenszuwächse aus der Veräußerung des Privatgrundstücks, einer privaten Kunstsammlung oder eines privaten PKW außerhalb der Ermittlungs- und Zugriffskompetenz der Einkommensteuer zu bleiben. Es entspricht „guter deutscher Einkommensteuerrechtstradition und dem Vorbild des preußischen Einkommensteuerrechts", den privaten Lebensbereich grundsätzlich gegen fiskalisches Beobachten abzuschirmen und deshalb eine Besteuerungsgleichheit nicht nach bloßem Vermögenszuwachs, sondern allein nach dem in der Erwerbssphäre erzielten Vermögenszuwachs herzustellen[59]. Die Ausklammerung der Privatsphäre aus dem Bereich steuerlichen Ermittelns und Beobachtens modifiziert das Leistungsfähigkeitsprinzip erneut: Nicht die vom Markt, damit von der Allgemeinheit der Wirtschaftsgemeinschaft abgeleiteten Einnahmen, sondern nur die marktoffenbaren Einnahmen sind Besteuerungsgegenstand[60].

---

[57] Kirchhof, StuW 1985, S. 319, 327, 328; Kirchhof, in: Kirchhof/Söhn, EStG, § 2 Rn. A 108 ff.

[58] Kirchhof, StuW 1985, S. 319, 327, 328; Kirchhof, in: Kirchhof/Söhn, EStG, § 2 Rn. A 111 ff.

[59] Kirchhof, StuW 1985, S. 319, 327, 328; zustimmend: BVerfG, Urt. v. 07.06.1993, 2 BvR 1148/92, HFR 1993, S. 543; BVerfG, Urt. v. 30.09.1998, 2 BvR 1818/91, HFR 1999, S. 44.

[60] Kirchhof, StuW 1985, S. 319, 327, 328; zustimmend: BVerfG, Urt. v. 07.06.1993, 2 BvR 1148/92, HFR 1993, S. 543; BVerfG, Urt. v. 30.09.1998, 2 BvR 1818/91, HFR 1999, S. 44; Kirchhof, in: Kirchhof/Söhn, EStG, § 2 Rn. A 115.

Als Einzelfolgerung aus diesem Prinzip wäre die Gleichstellung realisierter Wertsteigerungen im Privatvermögen und im Betriebsvermögen überlegenswert[61]. In der Besteuerungsrealität werden durch § 23 Abs. 1 Satz 1 Nr. 1 EStG längst Grundstücksveräußerungsgeschäfte und mit § 23 Abs. 1 Satz 1 Nr. 2 EStG auch die Veräußerungen der sogenannten „anderen Wirtschaftsgüter", also etwa der privaten Kunstsammlung, der wertvollen Uhr oder Briefmarkensammlung etc., steuerlich erfasst.

Vorliegend sind insbesondere zwei weitere Aspekte des Gleichheitssatzes und des daraus abgeleiteten Prinzips der Besteuerung nach der Leistungsfähigkeit für die Beurteilung der Veräußerungsgewinnbesteuerung von Interesse: Zum einen das Verhältnis des Gleichheitssatzes zu dem „synthetischen" Verständnis der deutschen Einkommensteuer, zum anderen die Bedeutung des Gleichheitssatzes in der Komponente der Durchsetzungsgleichheit der Steuer.

2. Gleichheitssatz und Synthetische Einkommensteuer

Aus dem allgemeinen Gleichheitssatz in seiner bereichsspezifischen Anwendung auf das Steuerrecht folgt für das Bundesverfassungsgericht[62], dass die Besteuerung an der persönlichen Leistungsfähigkeit des Steuerpflichtigen ausgerichtet werden muss[63]. Die Verwirklichung einer dem Leistungsfähigkeitsprinzip entsprechenden gerechten Besteuerung hatten sich auch das Steuerentlastungsgesetz 1999/2000/2002 (StEntlG)[64] und das Steuervergünstigungsabbaugesetz[65] (StVergAbG) zum Ziel gesetzt.

Die für die Besteuerung vorausgesetzte wirtschaftliche Leistungsfähigkeit wird im geltenden Einkommensteuerrecht nach näherer Maßgabe des durch § 2 EStG vorgegebenen Grundschemas quantifiziert. Mit der Bildung der „Summe der Einkünfte" (§ 2 Abs. 3 EStG) trifft das EStG eine grundsätzliche Entscheidung

---

[61] Kirchhof, StuW 1985, S. 319, 327, 328.

[62] BVerfG, Urt. v. 22.02.1984, 1 BvL 10/80, BStBl. II 1984, S. 357, 359; BVerfG, Urt. v. 23.01.1990, 1 BvL 4, 5, 6, 7/87, BStBl. II 1990, S. 483, 486; BVerfG, Urt. v. 22.06.1995, 2 BvL 37/91, BStBl. II 1995, S. 655, 660; BVerfG, Urt. v. 06.03.2002, 2 BvL 17/99, NJW 2002, S. 1103, 1108; Jäschke, in: Lademann, EStG, § 2 Anm. 4; Bachem, in: Bordewin/Brandt, EStG, § 2 Rn. 21.

[63] So auch BFH, Beschl. v. 09.05.2001, XI B 151/00, DStR 2001, S. 1109, 1110.

[64] StEntlG 1999/2000/2002 v. 24.03.1999, BGBl. I 1999, S. 402; BStBl. I 1999, S. 304; BFH, Beschl. v. 16.07.2002, IX R 62/99, FR 2002, S. 1283; Risthaus, in: H/H/R, § 23 EStG Rn. R 5; Prinz/Ommerborn, FR 2001, S. 977, 978.

[65] Begründung des Gesetzentwurfs zum StVergAbG zu Art.1 Nr.15 lit.a/aa, BT-Drs. 15/119.

gegen eine nach Einkunftsarten differenzierende Schedulensteuer[66]. Indem das Einkommensteuergesetz die Einkünfte zu einer Summe – „synthetisch“ - zusammenfügt (§ 2 Abs. 1 und 2 EStG), hat es eine grundlegende steuerliche Sachgesetzlichkeit statuiert (siehe oben).

Der BFH konkretisiert dies in seinem Beschluss vom 24. Februar 1999[67] zu § 32c EStG dahingehend, dass die Privilegierung einer bestimmten Einkunftsart vom Ordnungsprinzip der synthetischen Einkommensteuer abweicht und somit gegen den Gleichheitssatz des Art. 3 Abs. 1 GG verstößt.

Dazu führt der BFH im Einzelnen aus: „§ 32c EStG benachteiligt ohne sachlich zureichenden Grund gewerbliche Beteiligungseinkünfte gegenüber solchen gewerblichen Einkünften, die unmittelbar beim Bezieher der Gewerbesteuer unterlegen haben. Die durch die Abweichung vom Ordnungsprinzip der synthetischen Einkommensteuer indizierte Ungleichbehandlung verstößt gegen das Gleichheitsgebot des Art. 3 Abs. 1 GG, weil eine Belastung mit Gewerbesteuer bereits durch deren Abzug als Betriebsausgabe berücksichtigt wird.

Die für die Besteuerung vorausgesetzte wirtschaftliche Leistungsfähigkeit wird nach näherer Maßgabe des durch § 2 EStG vorgegebenen Grundschemas quantifiziert. Mit der Bildung der „Summe der Einkünfte“ (§ 2 Abs. 3 EStG) trifft das EStG eine grundsätzliche Entscheidung gegen eine nach Einkunftsarten differenzierende Schedulensteuer. Denn bei einem einheitlichen Steuersatz muss die Gleichheit der dem einzelnen Steuerpflichtigen zugeteilten Belastung bereits durch die gleichheitsgerechte Ausgestaltung der Bemessungsgrundlage gesichert werden. In der Umschreibung der Einkunftsquellen durch § 2 Abs. 1 EStG und der Summenbildung nach § 2 Abs. 3 EStG als Ausgangsgröße für das zu versteuernde Einkommen, das die Bemessungsgrundlage für die tarifliche (§ 32a EStG) Einkommensteuer bildet (§ 2 Abs. 5 Satz 1 EStG), liegt die Wertung des Gesetzgebers, dass grundsätzlich alle Wertzuflüsse qualitativ und quantitativ gleichwertig sind und nach gleichen Maßstäben zu belasten sind[68]. Auch der einheitliche Tarif (§ 2 Abs. 6 EStG) setzt sachgesetzlich voraus, dass die Quanti-

---

[66] Vgl. auch Kirchhof, in Kirchhof/Söhn, EStG, § 2 Rn. A 672 ff.; Stoll, Verluste und Verlustquellen im Steuerrecht, 1989, S. 136 ff.; Tipke, Die Steuerrechtsordnung, Bd. II, Köln 1993, S. 593 ff.; BFH, Beschl. v. 24.02.1999, X R 171/96, BStBl. II 1999, S. 450, 459.

[67] BFH, Beschl. v. 24.02.1999, X R 171/96, BStBl. II 1999, S. 450; BFH, Urt. v. 14.12.1999, IX R 23/99, BFH/NV 2000, S. 831; vgl. dazu BFH, Urt. v. 11.06.2003, IV B 47/03 (ebenfalls zu § 32c EStG): Kernaussage des Urteils ist, dass ein Verstoß gegen die Gleichmäßigkeit der Besteuerung vorliegt, wenn eine Rechtsvorschrift einen Systembruch bringt.

[68] Kirchhof, in: Kirchhof/Söhn, EStG, § 2 Rn. A 672 ff.; Stoll, Verluste und Verlustquellen im Steuerrecht, 1989, S. 136 ff.; Tipke, Die Steuerrechtsordnung, Bd. II, Köln 1993, S. 593 ff.; BFH, Beschl. v. 24.02.1999, X R 171/96, BStBl. II 1999, S. 450, 459.

fizierung der einzelnen Einkunftsarten - bezogen auf die individuelle Zahlungsfähigkeit - zu jeweils gleichen steuerlichen Belastungen führt.

Indem das Einkommensteuergesetz die Einkünfte zu einer Summe – „synthetisch" - zusammenfügt (§ 2 Abs. 1 und 2 EStG), hat es eine grundlegende steuerliche Sachgesetzlichkeit statuiert. Diese wird dann durchbrochen, wenn einzelne Faktoren der so ausgedrückten Fähigkeit, Steuern zu zahlen, unterschiedlich gewichtet werden[69]. Die grundsätzlich gleiche steuerliche Belastbarkeit kann nur dann durch einen Rückgriff auf einzelne Summanden in Frage gestellt werden, wenn sich hierfür besondere sachliche Gründe finden lassen, die entweder eine andere „Belastbarkeit" indizieren oder lenkungsrechtlicher Art sind bzw. das Allgemeinwohl berühren".

Zu beachten ist in diesem Zusammenhang jedoch, dass der Gleichheitssatz des Grundgesetzes zwar durch das steuerrechtliche Leistungsfähigkeitsprinzip bereichsspezifisch konkretisiert, nicht aber abschließend determiniert wird. Dem Gesetzgeber steht es frei, nach Maßgabe hinreichend gewichtiger Gründe wirtschafts- und sozialpolitisch Lenkungs- und Verschonungstatbestände zu schaffen, die vom Ziel reiner Lastengerechtigkeit abweichen[70]. Deutlich abgesenkte Steuersätze der Veräußerungsgewinnbesteuerung sind so im Grunde legitimierbar[71], allein ihre innere Stimmigkeit mag überprüfbar sein[72].

3. Gleichmäßigkeit der Steuererhebung

Art. 3 Abs. 1 GG fordert die steuerliche Lastengleichheit in ihren Komponenten der Gleichheit der normativen Steuerpflicht und der Gleichheit bei deren Durchsetzung in der Steuererhebung[73]. Die Durchsetzungsgleichheit der Steuererhebung verlangt sowohl die gleichmäßige Durchführbarkeit als auch die gleichmäßige Durchführung (die executio iusti) der Steuergesetze[74]. Daraus folgt, dass das materielle Steuergesetz in ein normatives Umfeld eingebettet werden muss, welches die Gleichheit der Belastung auch hinsichtlich des tatsächlichen Erfol-

[69] So auch Möstl, DStR 2003, S. 720, 723.
[70] Möstl, DStR 2003, S. 720, 723.
[71] Die volle Besteuerung einmalig oder geballt anfallender Veräußerungsgewinne erscheint hingegen als unbillig, so Mellinghoff, in Kirchhof, EStG, 2. Aufl. 2002, § 34 Rn. 15, 16.
[72] So wäre z.B. an dem gescheiterten Entwurf des StVergAbG die Steuersatzdiskrepanz zwischen § 23 i.d.F. des StVergAbG-E und § 17 EStG problematisch gewesen, vgl. dazu Gosch, in Kirchhof, EStG, 2. Aufl. 2002, § 17 Rn. 5; Möstl, DStR 2003, S. 720, 723.
[73] Jäschke, in: Lademann, EStG, § 2 Anm. 7, 59 mit Verweis auf: BVerfG, Urt. v. 27.06.1991, 2 BvR 1493/89, BVerfGE 84, S. 239, 271; BVerfG, Urt. v. 22.06.1995, 2 BvL 37/91, BStBl. II 1995, S. 655; BVerfG, Urt. v. 10.04.1997, 2 BvL 77/92, DB 1997, S. 1447.
[74] Tipke, Die Steuerrechtsordnung, Bd. I, 2. Aufl. Köln 2000, S. 359; Birk, StuW 1989, S. 212, 213.

ges prinzipiell gewährleistet[75]. Das Ideal des Gleichheitssatzes lässt sich nur realisieren, wenn Gesetze auch gleichmäßig praktiziert werden[76].

Das Bundesverfassungsgericht[77] nimmt im Einzelnen dazu wie folgt Stellung: „Der Gleichheitssatz verlangt für das Steuerrecht, dass die Steuerpflichtigen durch ein Steuergesetz rechtlich und tatsächlich gleich belastet werden. In dem von den Grundsätzen der Gleichheit und der Gesetzmäßigkeit geprägten Steuerschuldverhältnis entspricht der Pflicht des Schuldners zur gesetzmäßigen Steuerzahlung die Pflicht des Gläubigers zu gesetzmäßiger Steuererhebung. Im Rahmen einer gewaltenteilenden Verfassungsordnung regelt der Gesetzgeber den Maßstab der gleichen Lastenzuteilung und verpflichtet die mit dem Vollzug des Gesetzes beauftragte Finanzverwaltung, diese Besteuerungsvorgaben in strikter Legalität umzusetzen und so Belastungsgleichheit zu gewährleisten. Art. 3 Abs. 1 GG verbietet eine Regelung der Steuererhebung, welche die Gleichheit des Belastungserfolgs prinzipiell verfehlt.
Daraus folgt, dass das materielle Steuergesetz in ein normatives Umfeld eingebettet sein muss, welches die Gleichheit der Belastung auch hinsichtlich des tatsächlichen Erfolges prinzipiell gewährleistet. Die steuerliche Lastengleichheit fordert mithin, dass das materielle Steuergesetz die Gewähr seiner regelmäßigen Durchsetzbarkeit so weit wie möglich in sich selbst trägt. Der Gesetzgeber hat demgemäss die Besteuerungstatbestände und die ihnen entsprechenden Erhebungsregelungen aufeinander abzustimmen. Führen Erhebungsregelungen dazu, dass ein gleichmäßiger Belastungserfolg prinzipiell verfehlt wird, kann die materielle Steuernorm nicht mehr gewährleisten, dass die Steuerpflichtigen nach Maßgabe gleicher Lastenzuteilung belastet werden; sie wäre dann umgekehrt Anknüpfungspunkt für eine gleichheitswidrige Lastenverteilung. Eine Steuerbelastung, die nahezu allein auf der Erklärungsbereitschaft des Steuerpflichtigen beruht, weil die Erhebungsregelungen Kontrollen der Steuererklärung nahezu ausschließen, trifft nicht mehr alle und verfehlt damit die Lastengleichheit. Der Gesetzgeber muss die Steuerehrlichkeit deshalb durch hinreichende, die steuerliche Belastungsgleichheit gewährleistende Kontrollmöglichkeiten abstützen. Im Veranlagungsverfahren bedarf das Deklarationsprinzip der Ergänzung durch das Verifikationsprinzip“[78].

---

[75] FG Schleswig-Holstein, V-7/99, Urt. v. 23.09.1999 (nicht rkr.; Rev. zum BFH, Beschl. v. 19.03.2002, IX R 62/99, FR 2002, S. 1283), EFG 2000, S. 178.

[76] Tipke, Die Steuerrechtsordnung, Bd. I, 2. Aufl. Köln 2000, S. 359.

[77] BVerfG, Urt. v. 27.06.1991, 2 BvR 1493/89, BVerfGE 84, S. 239, 268, 271-273, BStBl. II 1991, S. 654, 664-666; dem entsprechend: BVerfG, Urt. v. 09.03.2004, 2 BvL 17/02, NJW 2004, S. 1022; vgl. auch Seer, StuW 1995, S. 184, 186, 187.; Kirchhof, StbJb. 1994/95, S. 5, 14 ff.

[78] So u.a. auch: Tipke, Die Steuerrechtsordnung, Bd. I, 2. Aufl. Köln 2000, S. 359, 360; BFH, Beschl. v. 11.03.1992, II R 129/88, BFHE 167, S. 266, BStBl. II 1992, S. 707; BFH, Urt. v.

Isensee[79] formuliert es so: „Das Gesetz allein gewährleistet noch nicht Belastungsgerechtigkeit. Sie entscheidet sich erst im Vollzug. Der Verfassung wird nicht Genüge getan mit der Rechtsetzungsgleichheit. Vielmehr fordert sie die Rechtsanwendungsgleichheit in ihrer Realisierung durch die gleichmäßige Besteuerung für alle, die den Tatbestand des Gesetzes erfüllen. Wenn es zum Werk des Zufalls wird, ob, wie und wann sich der gesetzliche Steueranspruch verwirklicht, waltet ungleiches Recht, und die Legitimation der Gemeinlast zerbröselt“[80].

Steuerliche Lastengleichheit fordert mithin, dass das materielle Steuergesetz die Gewähr seiner regelmäßigen Durchsetzbarkeit soweit wie möglich in sich selbst trägt. Der Gesetzgeber hat die Besteuerungstatbestände und die ihnen entsprechenden Erhebungsregelungen aufeinander abzustimmen. Wenn Erhebungsregelungen dazu führen, dass ein gleichmäßiger Belastungserfolg prinzipiell verwehrt wird, kann die materielle Steuernorm nicht mehr gewährleisten, dass die Steuerpflichtigen nach Maßgabe gleicher Lastenzuteilung belastet werden.

Eine prinzipielle Verfehlung der Belastungsgleichheit liegt allerdings nicht schon bei einer solchen Belastungsungleichheit vor, die durch Vollzugsmängel hervorgerufen wird, wie sie immer wieder vorkommen könne und sich auch tatsächlich ereignen. Maßgebend ist vielmehr, ob sich eine Erhebungsregelung gegenüber dem steuerlichen Tatbestand in der Weise strukturell gegenläufig auswirkt, dass der Besteuerungstatbestand weitgehend nicht mehr durchgesetzt werden kann und dieses Ergebnis dem Gesetzgeber zuzurechnen ist[81].

Das Bundesverfassungsgericht konkretisiert dies in seinem Urteil vom 9. März 2004 dahingehend, dass „verfassungsrechtlich verboten jedoch der Widerspruch zwischen dem normativen Befehl der materiell pflichtbegründenden Steuernorm und der nicht auf Durchsetzung dieses Befehls angelegten Erhebungsregel [ist]. Zur Gleichheitswidrigkeit führt nicht ohne weiteres die empirische Ineffizienz von Rechtsnormen, wohl aber das normative Defizit des widersprüchlich auf Ineffektivität angelegten Rechts.“[82]

18.02.1997, VIII R 33/95, BFHE 183, S. 45, BStBl. II 1997, S. 499; BFH, Urt. v. 19.02.1999, VI R 43/95, BFHE 188, S. 65, BStBl. II 1999, S. 361; BFH, Urt. v. 14.12.1999, IX R 23/99, BFH/NV 2000, S. 831.

[79] Isensee, StuW 1994, S. 3, 8.

[80] Ebenso: Tipke, Die Steuerrechtsordnung, Bd. I, 2. Aufl. Köln 2000, S. 359, 360.

[81] BVerfG, Urt. v. 27.06.1991, 2 BvR 1493/89, BVerfGE 84, S. 239, BStBl. II 1991, S. 654; BFH, Beschl. v. 11.03.1992, II R 129/88, BFHE 167, S. 266, BStBl. II 1992, S. 707; BFH, Urt. v. 18.02.1997, VIII R 33/95, BFHE 183, S. 45, BStBl. II 1997, S. 499; BFH, Urt. v. 19.02.1999, VI R 43/95, BFHE 188, S. 65, BStBl. II 1999, S. 361; FG Schleswig-Holstein, V-7/99, Urt. v. 23.09.1999 (nicht rechtskräftig; Rev. Zum BFH IX R 62/99).

[82] BVerfG, Urt. v. 09.03.2004, 2 BvL 17/02, NJW 2004, S. 1022, 1023.

Wirkt sich also eine Erhebungsregelung gegenüber einem Besteuerungstatbestand in der Weise strukturell gegenläufig aus, dass der Besteuerungsanspruch weitgehend nicht durchgesetzt werden kann, und ist dieses Ergebnis dem Gesetzgeber zuzurechnen (strukturelles Vollzugsdefizit), führt die dadurch bewirkte Gleichheitswidrigkeit zur Verfassungswidrigkeit auch der materiellen Norm[83]; denn in diesem Fall verliert die materielle Steuernorm den Anspruch auf Akzeptanz[84].

Allerdings hat der Gesetzgeber vor allem bei der Ordnung von Massenerscheinungen und deren Abwicklung einen – begrenzten – Spielraum für generalisierende und pauschalierende Regelungen, ohne wegen der damit unvermeidlich verbundenen Härten oder Privilegien gegen den allgemeinen Gleichheitssatz zu verstoßen[85]. Voraussetzung ist jedoch, dass die verallgemeinernde gesetzliche Regelung die Vielzahl der Einzelfälle in einem Gesamtbild erfasst, das nach den ihm vorliegenden Erfahrungen die regelungsbedürftigen Sachverhalte zutreffend wiedergibt. Gleichzeitig müssen die einschlägigen Regelungen für die Betroffenen verständlich sein und von der Verwaltung verlässlich und effizient vollzogen werden können[86].

Auf Grund der mangelnden Durchsetzbarkeit einer Norm ergibt sich eine Belastungsungleichheit mit der Folge, dass dieses Vollzugsdefizit auf die materielle Norm durchschlägt und dass diese deshalb wegen eines Verstoßes gegen den Gleichheitssatz verfassungswidrig ist.

4. Fazit

Aus dem allgemeinen Gleichheitssatz in seiner bereichsspezifischen Anwendung auf das Steuerrecht folgert das Bundesverfassungsgericht, dass die Besteuerung an der persönlichen Leistungsfähigkeit des Steuerpflichtigen ausgerichtet werden muss. Die Besteuerung nach der wirtschaftlichen Leistungsfähigkeit steht grundsätzlich auch im Einklang mit den ökonomischen Zielvorgaben der Entscheidungsneutralität und Allokationseffizienz.

---

[83] BVerfGE 84, S.239, 272, BStBl II 1991, S. 654, 665; BFH, Urt. v. 14.12.1999, IX R 23/99, BFH/NV 2000, S. 831.

[84] Birk, StuW 1989, S. 212, 213; BFH, Beschl. v. 16.07.2002, IX R 62/99, BFHE 199, 451, BStBl. II 2003, S. 74.

[85] Jäschke, in: Lademann, EStG, § 2 Anm. 60 m.w.N.; BFH, Urt. v. 14.12.1999, IX R 23/99, BFH/NV 2000, S. 831.

[86] Jäschke, in: Lademann, EStG, § 2 Anm. 60; BVerfG, Urt. v. 11.11.1998, 2 BvL 10/95, DStRE 1999, S. 202.

Zur Ausformung des Leistungsfähigkeitsprinzips im Einzelnen ist der demokratisch legitimierte Gesetzgeber berufen. Ihm obliegt etwa grundsätzlich die Entscheidung zwischen Einkommen und Konsum als Steuergegenstand. Die Besteuerung der individuellen Leistungsfähigkeit bestimmt auch den Maßstab für die Besteuerungsgleichheit. Die Konkretisierung dieses Maßstabs äußert sich im geltenden Einkommensteuerrecht dadurch, dass die Einkommensteuer nur die Vermögensmehrung erfasst, nicht den Vermögensbestand. Die Einkommensteuer belastet das Hinzuerworbene; eine bloße Umschichtung des Vermögens hat grundsätzlich keine einkommensteuerrechtlichen Folgen. Diese Besteuerung eines Zuwachses entspricht dem grundrechtlichen Schutz für das individuell erworbene Einkommen (Vermögen).

Die für die Besteuerung vorausgesetzte wirtschaftliche Leistungsfähigkeit wird im geltenden Einkommensteuerrecht nach näherer Maßgabe des durch § 2 EStG vorgegebenen Grundschemas quantifiziert. Mit der Bildung der „Summe der Einkünfte" (§ 2 Abs. 3 EStG) trifft das EStG eine grundsätzliche Entscheidung gegen eine nach Einkunftsarten differenzierende Schedulensteuer. Indem das Einkommensteuergesetz die Einkünfte zu einer Summe – „synthetisch" - zusammenfügt (§ 2 Abs. 1 und 2 EStG), hat es eine grundlegende steuerliche Sachgesetzlichkeit statuiert.

Nach den Ausführungen des Bundesverfassungsgerichts bezüglich der Einkünfte aus Kapitalvermögen verlangt der Gleichheitssatz für das Steuerrecht, dass die Steuerpflichtigen durch ein Steuergesetz rechtlich und tatsächlich gleich belastet werden. Besteuerungsgleichheit hat mithin als ihre Komponenten die Gleichheit der normativen Steuerpflicht ebenso wie die Gleichheit bei deren Durchsetzung in der Steuererhebung. Daraus folgt, dass das materielle Steuergesetz in ein normatives Umfeld eingebettet werden muss, welches die Gleichheit der Belastung auch hinsichtlich des tatsächlichen Erfolges prinzipiell gewährleistet. Zur Gleichheitswidrigkeit führt nicht die empirische Ineffizienz von Rechtsnormen, wohl aber das normative Defizit des widersprüchlich auf Ineffektivität angelegten Rechts.

Wenn die Festsetzung der Steuer von der Erklärung des Steuerschuldners abhängt (Deklarationsprinzip), werden erhöhte Anforderungen an die Steuerehrlichkeit des Steuerpflichtigen gestellt. In diesem Fall muss der Gesetzgeber die Steuerehrlichkeit durch hinreichende, die steuerliche Belastungsgleichheit gewährleistende Kontrollmöglichkeiten abstützen. Im Veranlagungsverfahren bedarf deshalb das Deklarationsprinzip der Ergänzung durch das Verifikationsprinzip. Dabei können gesamtwirtschaftliche Gründe einen Verzicht des Gesetzgebers auf eine hinreichende Kontrolle der im Veranlagungsverfahren abgegebenen Erklärungen des Steuerpflichtigen verfassungsrechtlich nicht rechtfertigen. Wirkt sich eine Erhebungsregelung gegenüber einem Besteuerungstatbestand in der Weise strukturell gegenläufig aus, dass der Besteuerungsanspruch weitgehend nicht durchgesetzt werden kann, und liegen die Voraussetzungen dafür vor, dass dieses Ergebnis dem Gesetzgeber zuzurechnen ist, so führt die dadurch bewirkte Gleichheitswidrigkeit zur Verfassungswidrigkeit auch der materiellen Norm.

III. Der Einkommensbegriff des § 2 EStG

Wie oben bereits dargestellt wurde, folgt aus dem allgemeinen Gleichheitssatz des Art. 3 Abs. 1 GG in seiner bereichsspezifischen Anwendung auf das Steuerrecht, dass die Besteuerung an der persönlichen Leistungsfähigkeit des Steuerpflichtigen ausgerichtet werden muss[87]. In § 2 EStG trägt der Gesetzgeber dem Leistungsfähigkeitsgebot in pragmatischer Weise dadurch Rechnung, dass er das persönliche Gesamteinkommen der Steuerpflichtigen mittels eines umfassenden Einkünftekatalogs erfasst, indem zwischen Gewinn- und Überschusseinkunftsarten unterschieden wird.

Diese „dualistische" Form der Einkünfteermittlung beruht auf dem von der Steuerrechtswissenschaft gewählten Ansatz zur Beschreibung des Einkommensbegriffs auf Grundlage unterschiedlicher Einkommenstheorien. Haupttheorien zur Erklärung dessen, was steuerrechtlich Einkommen sein soll, sind die Quellentheorie sowie die durch die sogenannte Markteinkommenstheorie beschränkte Reinvermögenzugangstheorie[88].

1. Rechtsentwicklung[89]

Ihrer Idee wie ihrem Anspruch nach knüpft die Besteuerung des Einkommens nach allgemeiner Ansicht in besonderer Weise an die unterschiedliche Leistungsfähigkeit der Steuerpflichtigen an (siehe oben). Gleichwohl schwankt die konzeptionelle Vorstellung davon, welche Vermögensmehrungen diese steuerliche Leistungsfähigkeit in solch spezifischer Weise steigern, dass sie damit als steuerbares Einkommen ausgewiesen sind[90]. Um die Wechselwirkungen und

---

[87] BVerfG, Urt. v. 22.02.1984, 1 BvL 10/80, BStBl. II 1984, S. 357, 359; BVerfG, Urt. v. 23.01.1990, 1 BvL 4, 5, 6, 7/87, BStBl. II 1990, S. 483, 486; BVerfG, Urt. v. 22.06.1995, 2 BvL 37/91, BStBl. II 1995, S. 655, 660; Jäschke, in: Lademann, EStG, § 2 Anm. 4; Bachem, in: Bordewin/Brandt, EStG, § 2 Rn. 21.

[88] Bachem, in: Bordewin/Brandt, EStG, § 2 Rn. 23; zu weiteren Theorien: Kirchhof, in Kirchhof/Söhn, EStG, § 2 Rn. A 285 ff.

[89] Ausführlich dazu: Kirchhof, in Kirchhof/Söhn, EStG, § 2 Rn. A 380-A 460.

[90] Vgl. dazu i.E. Wittmann, StuW 1993, S. 35.

Verflechtungen der unterschiedlichen Einkommenstheorien im heutigen Einkommensteuerrecht sowie ihre Bedeutung für etwaige Reformkonzepte insbesondere im Bereich der Besteuerung privater Veräußerungsgeschäfte umfassend beurteilen zu können, ist ein Überblick über die historische Entwicklung des Einkommensteuerrechts unumgänglich.

In der Finanz- und Steuerwissenschaft wurden seit Mitte des 19. Jahrhunderts verschiedene Einkommensbegriffe entwickelt. Diese sollten die Lebenssachverhalte beschreiben, die richtigerweise der Einkommensteuer zu unterwerfen sind[91].

Mit dem Einkommensbegriff der Quellentheorie lassen sich die meisten bis zum 31. März 1920 geltenden Einkommensteuergesetze der deutschen Bundesstaaten erklären. Sie wurde von *Bernhard Fuisting*[92] formuliert. Die Quellentheorie sieht als Einkommen „die Gesamtheit der Sachgüter, welche in einer bestimmten Periode (Jahr) dem Einzelnen als Erträge dauernder Quellen der Gütererzeugung zur Bestreitung der persönlichen Bedürfnisse für sich und für die auf den Bezug ihres Lebensunterhaltes von ihm gesetzlich angewiesenen Personen (Familie) zur Verfügung stehen". *Fuisting* nennt fünf Einkommensquellen: Geldkapital, Grundbesitz, Gewerbebetrieb, Arbeitstätigkeit und Hebungsrechte. Einmalige Vermögenszugänge gehören in der Regel nicht zum Einkommen, es sei denn „aus den begleitenden Umständen (darf) die Absicht, mit der Tätigkeit einen dauernden Erwerbszweig zu begründen, entnommen werden"[93]. In diesem Sinne erfassen die bis 1920 geltenden Einkommensteuergesetze der deutschen Bundesstaaten mit Ausnahme der Hansestädte[94] Bremen, Hamburg und Lübeck fast ausschließlich die Einnahmen aus bestimmten Einkunftsquellen.

Das galt insbesondere, wenn auch nicht völlig konsequent, für das Preußische Einkommensteuergesetz (PrEStG) vom 24. Juni 1891[95], das vier Einkunftsquellen aufführte, innerhalb deren jede wirtschaftliche Einheit eine Quelle für sich bildete, z.B. die einzelne Kapitalforderung[96]. § 8 PrEStG 1891 zeichnet die für die Quellentheorie wesentliche Unterscheidung zwischen Einkommen und

---

[91] Einen Überblick über die Lehrmeinungen gibt Kirchhof, in Kirchhof/Söhn, EStG, § 2 Rn. A 285 ff.

[92] Fuisting, Grundsätze der Steuerlehre, Berlin 1902.

[93] Fuisting, Die preußischen direkten Steuern, EStG, Bd. 1, 6. Aufl. Berlin 1904, § 7 Anm. 1 S. 110, 149; Handzik, in: Littmann/Bitz/Pust, Das Einkommensteuerrecht, § 2 Rn.26 m.w.N.; vgl. auch Kirchhof, in: Kirchhof/Söhn, EStG, § 2 Rn. A 315-320.

[94] Ausführlich dazu: Kirchhof, in Kirchhof/Söhn, EStG, § 2 Rn. A 411-A 413.

[95] GS S. 175.

[96] Zugmaier, in: H/H/R, § 2 Rn. 9; Jäschke, in: Lademann, EStG, § 2 Anm. 49, 50; Bachem, in: Bordewin/Brandt, EStG, § 2 Rn. 24.

Stammvermögen nach, wenn er die außerordentlichen Einnahmen aus Erbschaften, Schenkungen, Lebensversicherungen, aus dem nicht gewerbsmäßig oder zu Spekulationszwecken unternommenen Verkauf von Grundstücken und ähnliche Erwerbungen von der Besteuerung ausnimmt. Die Einbeziehung von Spekulationsgewinnen in das steuerbare Einkommen durchbricht die Quellentheorie[97].

Das Einkommensteuergesetz 1920 vom 10. August 1925[98] fußte stattdessen, wenn auch mit Durchbrechungen, auf der Reinvermögenszugangstheorie[99]. Sie wurde von *Georg von Schanz* entwickelt[100].

Nach dieser Lehrmeinung waren sämtliche in einem bestimmten Zeitabschnitt zugeflossenen Vermögenszugänge inklusive der Nutzungen und geldwerten Leistungen Dritter steuerlich zu erfassen. „Wir rechnen also zum Einkommen", schreibt *von Schanz*, „alle Reinerträge und Nutzungen, geldwerte Leistungen Dritter, alle Geschenke, Erbschaften, Legate, Lotteriegewinne, Versicherungskapitalien, Versicherungsrenten, Konjunkturgewinne jeder Art"[101]. Sie waren um alle Beträge und Aufwendungen zu kürzen, durch die der Steuerpflichtige „in seinem Vermögen zurückkommt" (Schuldzinsen, Vermögensverluste, Abschreibungen etc.)[102]. Erfasst werden sollten insbesondere auch Wertzuwächse im Privatbereich, auch wenn diese einmaligen, außergewöhnlichen Charakter hatten. Die vom Gesetzgeber zugelassenen Durchbrechungen (§ 12 Nr. 1 bis Nr. 33 EStG 1920) betrafen insbesondere einmalige Vermögensanfälle in Form von Erbschaften und Schenkungen, für die die Erbschaft- und Schenkungsteuer eine „Spezialeinkommensteuer" bildete[103], sowie Ausstattungen und Aussteuern, die aus Billigkeitsgründen von der Einkommensteuer freigestellt wurden[104]. Grundlegende Änderungen für den Einkommensbegriff enthält das Gesetz zur Änderung des EStG vom 24. März 1921[105], durch das die Besteuerung einmaliger Veräußerungsgewinne auf die Spekulationsgewinne beschränkt wird.

---

[97] Kirchhof, in Kirchhof/Söhn, EStG, § 2 Rn. A 400 m.w.N.
[98] RGBl. I 1925, S. 189.
[99] Amtl. Begründung zum EStG 1920, Drs. 1624 der verfassungsgebenden deutschen Nationalversammlung, S. 24; Begr. zum RegE zum EStG 1925, RT-Drs. III. Wahlperiode 1924/1925 Nr. 794/802, S.21 ff.; Zugmaier, in: H/H/R, § 2 Rn. 9.
[100] Von Schanz, FinArch Bd. 13 (1896), S. 1 ff.; vgl. dazu auch: Kirchhof, in Kirchhof/Söhn, EStG, § 2 Rn. A 321 ff.
[101] Von Schanz, FinArch Bd. 13 (1896), S. 1, 24.
[102] Von Schanz, FinArch Bd. 13 (1896), S. 1, 24.
[103] Von Schanz, FinArch Bd. 13 (1896), S. 1, 73.
[104] Amtl. Begründung zum EStG 1920, Drs. 1624 der verfassungsgebenden deutschen Nationalversammlung, S. 44; Jäschke, in: Lademann, EStG, § 2 Anm. 52.
[105] RGBl. I 1921, S. 313 ff.

Dem Charakter einer Leistungsfähigkeitssteuer schien die Reinvermögenszugangstheorie am besten zu entsprechen. Nach dieser Theorie ist Einkommen der „Zugang von Reinvermögen in einer Wirtschaft während einer gegebenen Periode" (*G. v. Schanz*[106]). Dem entspricht die „net accretion theory" der Amerikaner *R. M. Haig* und *H. Simons*: „Income is the money value of the net accretion of one's economic power between two points of time" (*R. M. Haig*[107]). Das *Haig-Simons-Schanz-Concept* (so der internationale Sprachgebrauch) zielt darauf ab, die steuerliche Leistungsfähigkeit am gesamten Bedürfnisbefriedigungspotential des Steuerpflichtigen zu messen. Mithin erfasst die Reinvermögenszugangstheorie nicht nur Vermögenszugänge und –abgänge im juristischen Sinne einschließlich unrealisierter Wertsteigerungen und Zuwendungen (insbesondere Erbschaften und Geschenke), sondern darüber hinaus auch private Nutzungen und Wertschöpfungen (sogenanntes imputed income). Dem *Haig-Simons-Schanz-Concept* liegt also ein extensiver ökonomischer Güterbegriff zugrunde, der alle für die Bedürfnisbefriedigung geeigneten Vorteile erfasst. So ist die Reinvermögenszugangstheorie in ihrem Kern konsumorientiert darauf angelegt, die gesamte Konsumleistungsfähigkeit in ihrem Entstehen zu erfassen[108].

Aus praktischen Gründen wurde dieser Ansatz vom Gesetzgeber bereits mit dem Einkommensteuergesetz 1925 vom 10. August 1925[109] wieder aufgegeben. In der Begründung zum Regierungsentwurf zum EStG 1925[110] grenzte sich der Gesetzgeber ausdrücklich nicht nur von der Reinvermögenszugangstheorie, sondern auch von der Quellentheorie ab. Seit diesem Zeitpunkt folgte er dem sogenannten pragmatischen Einkommensbegriff[111]. In diesem Sinne verwies § 6 Absatz 2 EStG 1925 für die Zurechnung der Einkünfte zu den einzelnen Einkommensarten, soweit nicht im Gesetz eine besondere Regelung getroffen war, auf die Verkehrsauffassung. Man verzichtete bewusst darauf, alle Vermögensmehrungen steuerlich zu erfassen. § 6 Absatz 3 EStG 1925 führte in diesem Sinne ausdrücklich eine – nicht abschließende – Reihe von „Vermögensanfällen" an, die „nicht der Besteuerung nach dem Einkommen unterliegen". Im Einkommensteuergesetz 1934 wurde diese Regelung teilweise, da „zum Verständnis des

---

106 Von Schanz, FinArch Bd. 13 (1896), S. 1.

107 The Concept of Income: Economic and Legal Aspects, in: R.M. Haig (Hrsg.), The Federal Income Tax, Columbia University Press, 1921, S. 7; H. Simons, Personal Income Taxation, University of Chicago Press, 1938.

108 Tipke/Lang, Steuerrecht, 17. Aufl. Köln 2002, § 8 Rn. 32.

109 RGBl. I 1925, S. 189.

110 RT-Drs. III. Wahlperiode 1924/1925 Nr. 794/802, S. 21 ff.

111 Vgl. u.a. Zugmaier, in: H/H/R, § 2 Rn. 9, 10; Tipke/Lang, Steuerrecht, 17. Aufl. Köln 2002, § 9 Rn. 53; „Abbau des wirtschaftswissenschaftlichen Einkommensbegriffs zu einem rein pragmatischen", für weitere Nachweise siehe Wöhe, Betriebswirtschaftliche Steuerlehre, S. 107.

Gesetzes nicht unbedingt erforderlich", als entbehrlich (da rein deklaratorisch) gestrichen, teilweise in den heutigen § 3 EStG überführt[112].

Bei der Regelung der „Einkommensarten" knüpft § 7 Absatz 2 EStG 1925 an die Unterscheidung in den bisherigen Einkommensteuergesetzen an, ordnet die unterschiedliche Einkommensermittlung besonderen Einkommensarten zu und schafft damit den noch heute geltenden Dualismus von Gewinn- und Überschusseinkünften[113]. Die Entscheidung wird von der Regierungsbegründung mit vorgefundenen, tatsächlichen Unterschieden begründet[114]. Das EStG 1925 hat bewusst zwei qualitativ unterschiedliche Arten von Einkommen geschaffen. Während bei den Überschusseinkünften gemäß §§ 15 ff. EStG 1925 nur Einnahmen und Ausgaben berücksichtigt werden, berücksichtigen die §§ 12, 13 EStG 1925 bei den Gewinneinkünften auch die Wertveränderungen im Betriebsvermögen. Die Überschusseinkünfte erfassen lediglich das Ergebnis einer Einkommensquelle und stehen damit der Quellentheorie nahe, während bei den Gewinneinkunftsarten auch – in Anlehnung an die Reinvermögenszugangstheorie – Vermögensveränderungen erfasst werden[115].

Mit dem Einkommensteuergesetz 1934 trat an die Stelle des Begriffs „Einkommensarten" der Begriff der „Einkunftsarten", aus den acht Einkommensarten des § 6 Absatz 1 EStG 1925 wurden durch die Zusammenführung der „andere(n) wiederkehrende(n) Bezüge" und der „sonstige(n) Leistungsgewinne" die heute noch geltenden sieben Einkunftsarten[116].

Seit dem Einkommensteuergesetz 1925 umgeht der Gesetzgeber die Schwierigkeiten der bekannten Einkommenstheorien mit der klaren Katalogisierung der einzelnen Einkunftsarten (vgl. § 2 EStG in der heutigen Fassung). Eine Bezugnahme auf eine einzelne Theorie lehnt er ausdrücklich ab[117]. Nur „cum grano sa-

[112] Amtl. Begründung zum EStG 1934, RStBl. 1935, S. 33, 35; Jäschke, in: Lademann, EStG, § 2 Anm. 52; Kirchhof, in Kirchhof/Söhn, EStG, § 2 Rn. A 446.

[113] § 2 Abs. 4 REStG 1934 hält an dem Dualismus der Einkunftsarten fest; ebenso § 2 Abs. 2 EStG 1975, womit die im Reg.-Entwurf vorgesehene getrennte Regelung für Gewinn- und Überschusseinkünfte (§§ 7, 46 d. Reg.-Entwurfes, BT-Ds. 7/1470) unterbleibt, vgl. BT-Drs 7/210, S. 15; Kirchhof, in Kirchhof/Söhn, EStG, § 2 Rn. A 446, A 456.

[114] Vgl. dazu Kirchhof, in Kirchhof/Söhn, EStG, § 2 Rn. A 437.

[115] Kirchhof, in Kirchhof/Söhn, EStG, § 2 Rn. A 438.

[116] U.a. Kirchhof, in Kirchhof/Söhn, EStG, § 2 Rn. A 446.

[117] Amtl. Begründung zum EStG 1925, RT-Drs. Nr. 795, 22, zum EStG 1934, RStBl. 1935, S. 33, 34: „Der Einkommensbegriff des neuen Einkommensteuergesetzes ist im wesentlichen der gleiche wie der des bisherigen Einkommensteuergesetzes. Auch das neue Einkommensteuergesetz hat sich keiner der zahlreichen Lehrmeinungen über den privatwirtschaftlichen Einkommensbegriff angeschlossen. Der Begriff des Einkommens wird vielmehr im Gesetz ausschließlich in einer für die Zwecke der Besteuerung möglichst geeigneten Weise umgrenzt,

lis" hat sich bei den Überschusseinkünften im wesentlichen die Quellentheorie durchgesetzt, während man sich für die Gewinneinkünfte an der Reinvermögenzugangstheorie orientieren kann[118].

Demnach haben sich weder die Quellentheorie noch die Reinvermögenszugangstheorie als rechtsdogmatisches Konzept für alle Einkunftsarten durchsetzen können[119]. Das Preußische Einkommensteuergesetz vom 24. Juni 1891 (PrEStG) folgte prinzipiell der Quellentheorie; ihr Hauptvertreter *Fuisting* hatte als Referent im Finanzministerium die *Miquel'sche* Steuerreform maßgeblich mitgestaltet. Das EStG vom 29. März 1920 lehnte sich an die *von Schanz'sche* Reinvermögenszugangstheorie an. Von diesem Konzept wich das EStG vom 10. August 1925 wieder ab; es begründete das Konzept des geltenden Einkommensteuergesetzes, indem es acht Einkunftsarten abschließend aufzählte.

Die Theorie, die das Wesen des Einkommensteuerobjekts am besten charakterisiert und daher prinzipiell am besten geeignet ist, alle Einkünfte zu substantiieren, ist die Markteinkommenstheorie. Erste Grundlagen legte die Rechtsprechung zur Liebhaberei[120]. *Ruppe*[121] dogmatisierte sodann die Zurechnung von Einkünften wegweisend nach der Einsicht, dass nur das am Markt erwirtschaftete Einkommen der Einkommensteuer unterworfen ist[122]. Danach unterliegen der Einkommensteuer Einkünfte, die durch eine Erwerbstätigkeit mit der Absicht,

---

und zwar im Anschluss an das bisherige Gesetz und seine Auslegung durch Verwaltung und Rechtsprechung. In der Begriffsbestimmung ist allerdings eine Änderung insoweit eingetreten, als der Begriff „Einkommen" aufgefasst wird als Gesamtbetrag der Einkünfte eines Steuerpflichtigen aus allen Einkunftsarten, in denen Einkünfte zu verzeichnen sind, nach Ausgleich mit Verlusten, die sich aus den einzelnen Einkunftsarten ergeben, und nach Abzug der Sonderausgaben. Unter „Einkünfte" werden im neuen Gesetz die Reineinkünfte aus den einzelnen Einkunftsarten verstanden. Damit ist klargestellt, dass „Einkommen" der Oberbegriff und „Einkünfte" der Unterbegriff sind. Gibt es aber nur ein Einkommen als Oberbegriff, nicht etwa mehrere Einkommen und ein Gesamteinkommen oder gesamtes Einkommen, kann es auch keine Einkommensarten geben. Deshalb sind in der Begriffsbezeichnung an die Stelle der „Einkommensarten" des EStG 1925 im neuen Einkommensteuergesetz „Einkunftsarten" getreten, da die Bezeichnung „Einkommensarten" wegen der unzutreffenden Verwendung des Wortes „Einkommen" hier irreführend war"; und zum EStG 1975, BT-Drs. 7/1470, S. 211; in diesem Sinne auch Gutachten der Steuerreformkommission 1971, BMF-Schriftenreihe Heft 17, Tz. II.2; vgl. i.Ü. Bachem, in: Bordewin/Brandt, EStG, § 2 Rn. 23, 27 m.w.N.; Jäschke, in: Lademann, EStG, § 2 Anm. 52, 53.

[118] Tipke/Lang, Steuerrecht, 17. Aufl. Köln 2002, § 9 Rn. 50 und § 9 Rn. 181; Handzik, in: Littmann/Bitz/Pust, Das Einkommensteuerrecht, § 2 Rn. 28.

[119] Tipke/Lang, Steuerrecht, 17. Aufl. Köln 2002, § 9 Rn. 51.

[120] Dazu näher Lang, StuW 1981, S. 223.

[121] Ruppe, DStJG Bd. 1 (1978), S. 7, 17 ff.

[122] So später Ruppe, in: H/H/R, Einf. ESt Anm. 17.

einen Überschuss von Einnahmen / Erträgen über Aufwendungen zu erzielen, erwirtschaftet worden sind.

2. Die Bedeutung der Einkommenstheorien für das gegenwärtige Einkommensteuerrecht

Im gegenwärtigen Einkommensteuerrecht hat sich eine Struktur der Einkünfte- und Gewinnermittlung herausgebildet, deren theoretische Grundlagen die Quellentheorie und die Reinvermögenszugangstheorie sind. Einen Kompromiss zwischen den unterschiedlichen Theorien und den daraus resultierenden Gewinn- bzw. Überschussermittlungsvorschriften hat der Gesetzgeber bei den sonstigen Einkünften im Sinne des § 22 EStG gefunden.

a. Ausprägung der Einkommenstheorien im EStG

Der bei den Gewinneinkunftsarten (§ 2 Abs. 2 Nr. 1 EStG) maßgebliche und durch den Betriebsvermögensvergleich (§ 4 Abs. 1 Satz 1 EStG) bestimmte Begriff des Gewinns beruht auf der Reinvermögenszugangstheorie[123]. Diese besagt, dass sämtliche in einem bestimmten Zeitraum zugeflossenen Werte inklusive der Nutzungen und geldwerten Leistungen Dritter steuerbar sind. Die Herkunft – ständige Quelle oder einmaliger Anfall – spielt keine Rolle. Die von *Georg von Schanz*[124] begründete, dem Einkommensteuergesetz von 1920[125] zugrunde gelegte und in den USA bis heute vertretene Reinvermögenszugangstheorie[126] lehnt sich deutlich an den kaufmännischen Gewinnbegriff des Handelsrechts an[127]. Sie konnte sich allerdings mit diesem weitgesteckten Anspruch nicht durchsetzen. Ihr Nachteil wird vor allem darin gesehen, dass sie sich nicht zur praktischen Durchführung der Besteuerung eignet[128], da sie über die allgemeine Ansicht vom Einkommen hinaus schießt[129]. *Von Schanz* wird außerdem vorgehalten, er unterscheide nicht deutlich zwischen Einkommen und Vermögen[130]. Seine Einkommensdefinition stehe in offenbarem Widerspruch zum täglichen Leben und unterscheide sich nur quantitativ, nicht qualitativ von anderen Einkommenstheorien[131]. Auch gelinge es der Reinvermögenszugangstheorie

---

[123] Tipke/Lang, Steuerrecht, 17. Aufl. Köln 2002, § 9 Rn. 50.
[124] Von Schanz, FinArch Bd. 13 (1896), S. 1 ff.; dazu auch: Kirchhof, in Kirchhof/Söhn, EStG, § 2 Rn. A 321 ff.
[125] Vgl. Aktenstück Nr. 2149 der Nationalversammlung 1919, S. 15, 24.
[126] Tipke, Die Steuerrechtsordnung, Bd. II, Köln 1993, S. 564.
[127] Kirchhof, in Kirchhof/Söhn, EStG, § 2 Rn. A 8.
[128] Kirchhof, in Kirchhof/Söhn, EStG, § 2 Rn. A 331.
[129] Bachem, in: Bordewin/Brandt, EStG, § 2 Rn. 25; Zugmaier, in: H/H/R, § 2 Rn. 9.
[130] Kirchhof, in Kirchhof/Söhn, EStG, § 2 Rn. A 332 m.w.N.
[131] Kirchhof, in Kirchhof/Söhn, EStG, § 2 Rn. A 332 m.w.N.

nicht, ein brauchbares Kriterium für die außerhalb des Einkommensbegriffs bleibenden Vermögenszugänge anzugeben. So hatte das EStG 1920 in § 12 eine Liste von „nicht steuerbarem Einkommen“ aufgeführt, die die *von Schanz'sche* Theorie nur schwer erklären kann und zugleich ihren Mangel aufzeigt[132].

Aus den vorgenannten Gründen wurden Modifikationen gegenüber der von *Schanz'schen* Einkommensdefinition vorgeschlagen. *Popitz*[133] etwa forderte für die praktische Gesetzesgestaltung unter anderem, solche Gelegenheitsgewinne aus Veräußerungsgeschäften aus der Besteuerung auszuklammern, die außerhalb eines (weit zu fassenden) gewerblichen Tätigkeitsbereichs erzielt werden.

Letztlich wurde die Reinvermögenszugangstheorie dogmatisch durch die erst in jüngerer Zeit entwickelte[134] Markteinkommenstheorie begrenzt[135]. Nach der sogenannten modernen Markteinkommenstheorie muss eine Tätigkeit oder Vermögensnutzung auf eine größere Zahl von Jahren gesehen der Erzielung positiver Einkünfte oder Überschüsse dienen[136]. Tatbestandsgrundlage und Rechtfertigung aller Einkünfte ist die Herleitung des Vermögenszuwachses aus dem Marktgeschehen. So ist das gemeinsame, die meisten Einkunftsquellen des Einkommensteuergesetzes verbindende Merkmal „die entgeltliche Verwertung von Leistungen am Markt“[137]. Kennzeichen dieser Theorie ist unter anderem, dass sie nur mit Gewinn- oder Überschussabsicht erwirtschaftete Vermögensmehrungen erfasst und das Realisationsprinzip als sicheren Indikator steuerlicher Leistungsfähigkeit impliziert[138]. Den nicht am Markt erwirtschafteten Vermögenszuwachs schließt sie aus. Sie sieht in dem Einkommen das Ergebnis einer entgeltlichen Verwertung von Leistungen (Wirtschaftsgüter oder Dienstleistungen) am Markt. Damit schließt sie den nicht am Markt erwirtschafteten Vermögenszuwachs (z.B. durch Schenkung, Erwerb von Todes wegen, Lotteriegewinn sowie staatliche Transferleistungen, z.B. Sozialhilfe, Unterhaltsleistungen etc.) aus.
Der große Vorteil dieser Theorie besteht darin, dass sie ein einheitliches Kriterium geben kann, um zwischen einkommensrelevanten und nicht einkommensrelevanten Vermögenszuwächsen zu unterscheiden. Einkommen ist nur der im

---

[132] Handzik, in: Littmann/Bitz/Pust, Das Einkommensteuerrecht, § 2 Rn. 25.
[133] Popitz, Handwörterbuch der Staatswissenschaften, 4. Aufl. Bd. 3, S. 400, 413 ff.; vgl. dazu auch Kirchhof, in: Kirchhof/Söhn, EStG, § 2 Rn. A 333, 334.
[134] Vgl. insb. Ruppe, Möglichkeiten und Grenzen der Übertragung von Einkunftsquellen, in: Tipke (Hrsg.), Übertragung von Einkunftsquellen im Steuerrecht, 1979, S. 7 ff.
[135] Wenglorz/Bäuml, BB 2003, S. 286, 287 m.w.N.
[136] Tipke/Lang, Steuerrecht, 17. Aufl. Köln 2002, § 9 Rn. 52.
[137] Ruppe, DStJG Bd. 1 (1978), S. 7, 15 ff.; Lang, DStJG Bd. 24 (2001), S. 49, 61.
[138] Tipke/Lang, Steuerrecht, 17. Aufl. Köln 2002, § 9 Rn. 33; Bachem, in: Bordewin/Brandt, EStG, § 2 Rn. 26.

Rahmen einer auf Gewinn gerichteten Erwerbstätigkeit erwirtschaftete Vermögenszuwachs[139]. Damit wird die Gefahr der Ungleichbehandlung durch Ungleichbewertung von Einkommen vermieden[140]. Heute ist das Markteinkommensprinzip als dogmatische Grundlage des steuergesetzlichen Einkommensbegriffs allgemein anerkannt[141].

Die auf die Markteinkommenstheorie reduzierte Reinvermögenszugangstheorie korrespondiert auch mit der überwiegenden Interpretation des Steuergegenstandes des Einkommensteuergesetzes (siehe oben). Für die sogenannte Theorie des Erwerbseinkommens[142] ist das Einkommen der Steuergegenstand, der die Einkommensteuer charakterisiert und ihr den Namen gibt. Dabei seien allerdings die in das Einkommen mündenden Einkünfte Teil eines „erfolgsqualifizierte(n) Handlungstatbestand(s)". Dieser Tatbestand bestehe in der „Nutzung einer Erwerbsgrundlage mit dem Erfolg individueller Einkünfte"[143]. Nur der durch die Marktteilnahme erzielte Vermögenszuwachs unterliege einer gesteigerten Sozialpflicht im Sinne von Art. 14 Abs. 2 GG; nur insoweit sei damit von Verfassungs wegen die Belastung mit Einkommensteuer gerechtfertigt[144].

Dem entsprechend sieht das Bundesverfassungsgericht den einkommensteuerlichen Belastungsgrund in der „erwerbswirtschaftlichen Marktteilnahme"[145] und führt hierzu aus[146]:
„Die Einkommensteuer erfasst die Einkünfte, die der Steuerpflichtige ‚aus' einer bestimmten Erwerbsgrundlage erzielt (§ 2 Abs. 1 EStG). Voraussetzungen sind gemäß § 2 Abs. 1 und 2 EStG eine Erwerbsgrundlage (Zustandstatbestand), deren Nutzung (Handlungstatbestand) und ein daraus sich ergebender Gewinn oder Überschuss (Erfolgstatbestand). Das geltende Einkommensteuerrecht besteuert das Einkommen, das unter Nutzung der von der Rechtsgemeinschaft eröffneten Märkte und der staatlichen Rechtsordnung erzielt worden ist. Dieser Belastungsgrund ist im Einkommensteuergesetz tatbestandlich in den jeweiligen Ein-

---

[139] Handzik, in: Littmann/Bitz/Pust, Das Einkommensteuerrecht, § 2 Rn. 29.
[140] Tipke/Lang, Steuerrecht, 17. Aufl. Köln 2002, § 4 Rn. 108.
[141] Ruppe, DStJG Bd. 1 (1978), S. 7, 15 ff.; Lang, DStJG Bd. 24 (2001), S. 49, 61, 62; ausführlich dazu: Wittmann, StuW 1993, S. 35.
[142] Nach traditioneller Lehre ist Steuergegenstand das disponible Einkommen bzw. die Summe der erzielten Einkünfte, vgl. Jäschke, in: Lademann, EStG, § 2 Anm. 17 m.w.N.; u.a. Lang, Die Bemessungsgrundlage der Einkommensteuer, Köln 1981/1988, S. 34; zur sog. Erwerbstätigkeitstheorie vgl. Zugmaier, in: H/H/R, EStG, § 2 Rn. 51.
[143] Jäschke, in: Lademann, EStG, § 2 Anm. 17; Kirchhof, in Kirchhof/Söhn, EStG, § 2 Rn. A 67, 79; Kirchhof, StuW 1985, S. 319, 327, 328.
[144] Kirchhof, in Kirchhof/Söhn, EStG, § 2 Rn. A 363 ff.; Kirchhof, StuW 1985, S. 319, 327, 328.
[145] BVerfG, Urt. v. 07.06.1993, 2 BvR 1148/92, HFR 1993, S. 543.
[146] BVerfG, Urt. v. 30.09.1998, 2 BvR 1818/91, HFR 1999, S. 44.

kunftsarten des § 2 Abs. 1 Nr. 1 bis 7 i.V.m. §§ 13 ff. EStG geregelt. Einkommensteuerbar sind nur die aus der Nutzung einer der in § 2 Abs. 1 EStG genannten Erwerbsgrundlagen erzielten Einkünfte“[147].

Überschusseinkünfte nach § 2 Abs. 2 Nr. 2 EStG werden mit dem Überschuss der Einnahmen über die Werbungskosten definiert (§ 4 Abs. 3 EStG). Gedanklicher Ausgangspunkt dieser Regelung ist die Quellentheorie, nach der als Einkommen nur solche Vermögensmehrungen in Betracht kommen, die alljährlich aus dauernden Erwerbsquellen fließen und zu Lebensunterhalt und Vermögensbildung dienen. Alle einmaligen Vermögensanfälle fallen heraus. Die Quellentheorie unterscheidet also im wesentlichen zwischen den als Einkommen zu qualifizierenden laufenden Einkünften und den nicht zum steuerbaren Einkommen gehörenden Wertveränderungen im sogenannten Stammvermögen (Quellenvermögen) einschließlich der Wertrealisation durch Veräußerung[148]. Die Begründung hierfür liegt allerdings nicht etwa in der Differenzierung von steuererheblicher Einkommenssphäre und steuerunerheblicher Vermögenssphäre. Vielmehr stützt sich die grundsätzliche Freistellung der Veräußerungsgewinne vorwiegend auf die von der Reinvermögenszugangstheorie abweichende quellentheoretische Auslegung wirtschaftlicher und steuerlicher Leistungsfähigkeit. Danach begründen nur regelmäßig sprudelnde Einkommensquellen, nicht aber gelegentliche Veräußerungsgeschäfte Leistungsfähigkeit[149]. Die Einbeziehung von Spekulationsgewinnen in das steuerbare Einkommen durchbricht demnach die Quellentheorie[150].

Der Nachteil der Quellentheorie liegt in der schwierigen Erfassbarkeit sämtlicher einzelner Quellen[151]. Die Quellentheorie schränkt im Vergleich zur Reinvermögenzugangstheorie den Einkommensbegriff deutlich ein. Sie ist dieser zwar einerseits dadurch überlegen, dass sie mit dem Quellenbegriff ein einheitliches, wenn auch vages Kriterium für diese Einschränkungen angibt, während sich die Reinvermögenszugangstheorie nur ausgrenzen kann. Andererseits gilt sie aber nach heute allgemeiner Meinung als zu eng[152]. Sie kann insbesondere einmalige Einnahmen in der Regel nicht erfassen, obwohl diese oft wesentlichen Einfluss auf die steuerliche Leistungsfähigkeit des Betroffenen haben[153], und

[147] kritisch dazu: Jäschke, in: Lademann, EStG, § 2 Anm. 18.
[148] Tipke/Lang, Steuerrecht, 17. Aufl. Köln 2002, § 9 Rn. 50.
[149] Mitschke, StuW 1988, S. 111, 117.
[150] Kirchhof, in Kirchhof/Söhn, EStG, § 2 Rn. A 400 m.w.N.
[151] Bachem, in: Bordewin/Brandt, EStG, § 2 Rn. 24; Kirchhof, in Kirchhof/Söhn, EStG, § 2 Rn. A 320.
[152] Vgl u.a. Zugmaier, in: H/H/R, § 2 Rn. 9.
[153] Kirchhof, in Kirchhof/Söhn, EStG, § 2 Rn. A 320 m.w.N.

wird auch der Bedeutung von Vermögenswertänderungen im betrieblichen Bereich nicht gerecht[154].

b. Kompromiss bei den sonstigen Einkünften

Der Gesetzgeber hat bei den als siebte Einkunftsart erfassten „sonstigen Einkünften" im Sinne des § 22 EStG einen Kompromiss[155] zwischen den grundlegenden Einkommenstheorien gefunden. Während die ersten sechs Einkunftsarten aus der Sicht des Steuerpflichtigen grundsätzlich als Zuflüsse an Geld oder Sachwerten aus regelmäßig fließenden Quellen angesehen werden können, umfasst die siebte Einkunftsart Einkünfte, die einerseits einmalige und zufällige Vermögenszugänge und andererseits regelmäßig zufließende Bezüge sind[156]. Dazu gehören auch die Einkünfte aus privaten Veräußerungsgeschäften (§§ 22 Nr. 2, 23 EStG). Abweichend von dem sonst im Einkommensteuerrecht bestehenden, auf der Quellentheorie beruhenden Grundsatz, wonach Einkünfte aus der Veräußerung privater, d.h. nicht zu einem Betriebsvermögen sondern zum privaten Stammvermögen gehörender Wirtschaftsgüter nicht steuerbar sind, erfasst § 23 Abs. 1 EStG innerhalb einer Spekulationsfrist realisierte Werterhöhungen von Wirtschaftsgütern im Privatvermögen[157].

Im Rahmen der privaten Veräußerungsgeschäfte sind in der Besteuerungsrealität die Grenzen zwischen laufenden und einmaligen Einkünften insbesondere bei Finanzprodukten (z.B. derivative Finanzinstrumente wie Optionen, Futures, Swaps etc.) verwischt[158]. Nach der Quellentheorie wären Gewinne aus diesen Geschäften nicht zum (steuerbaren) Einkommen zu zählen[159], was der Gesetzgeber für nicht sachgerecht erachtete[160].

Die heute geltenden §§ 22 Nr. 2, 23 EStG bilden somit eine Ausnahme von der quellentheoretischen Ausgrenzung privaten Stammvermögens, indem Einkünfte aus der Veräußerung von Wirtschaftsgütern besteuert werden, die vor der Veräußerung innerhalb einer bestimmten Frist angeschafft worden sind. Bis 1999

---

[154] Handzik, in: Littmann/Bitz/Pust, Das Einkommensteuerrecht, § 2 Rn. 26.

[155] Zum Kompromisscharakter der einkommensteuerlichen Bemessungsgrundlage allgemein vgl. C. Kraft, Steuergerechtigkeit und Gewinnermittlung, Wiesbaden 1991, S. 58 ff.

[156] Wöhe, Betriebswirtschaftliche Steuerlehre, S. 104; Tipke/Lang, Steuerrecht, 17. Aufl. Köln 2002, § 9 Rn. 183, 556.

[157] Ausführlich dazu: Wenglorz/Bäuml, BB 2003, S. 286, 287; vgl. auch BFH, Urt. v. 29.03.1989, X R 4/84, BFHE 156, S. 465, BStBl II 1989, S. 652; Jansen, in: H/H/R, EStG, § 23 Anm. 8.

[158] Prinz/Ommerborn, FR 2001, S. 977, 981.

[159] Wöhe, Betriebswirtschaftliche Steuerlehre, S. 104; Tipke/Lang, Steuerrecht, 17. Aufl. Köln 2002, § 9 Rn. 183, 556.

[160] Tibo, DB 2001, S. 2369.

betrug die Frist zwischen Anschaffung und Veräußerung für Mobilien sechs Monate (§ 23 Abs. 1 Satz 1 Nr. 1 lit. b EStG a.F.), die Spekulationsfrist für Immobilien zwei Jahre. Diese Fristen waren so kurz bemessen, dass der Gesetzgeber bei derartigen Veräußerungsgeschäften typisierend von deren Spekulationscharakter ausging und sie als „Spekulationsgeschäfte" bezeichnete. Es sollten die innerhalb der verhältnismäßig kurzen Spekulationsfristen realisierten Werterhöhungen eines Wirtschaftsguts im Privatvermögen des Steuerpflichtigen der Einkommensteuer unterworfen werden[161].

In der Perspektive einer vollständigen Besteuerung der privaten Veräußerungsgeschäfte[162] ersetzte der Gesetzgeber den Begriff „Spekulationsgeschäft" durch den Terminus „privates Veräußerungsgeschäft" und erweiterte die Frist auf ein Jahr für Mobilien, insbesondere für Wertpapiere (§ 23 Abs. 1 Satz 1 Nr. 2 EStG) und auf zehn Jahre für Immobilien (§ 23 Abs. 1 Satz 1 Nr. 1 EStG). Zudem erweiterte er die generelle Steuerbarkeit auf die privaten Termingeschäfte (§ 23 Abs. 1 Satz 1 Nr. 4 EStG), die bis dahin nach der Rechtsprechung dem nicht steuerbaren Bereich zugeordnet wurden[163]. Die Verlängerung der Frist für private Wertpapiergeschäfte sollte zu einer verbesserten Erfassung steuerlicher Leistungsfähigkeit führen und entspricht nach den Vorstellungen des Gesetzgebers dem Gebot der Steuergerechtigkeit[164].

Trotz der erweiterten Erfassung privater Veräußerungsvorgänge ist der Dualismus der Einkünfteermittlung (§ 2 Abs. 2 EStG) mit allen seinen steuersystematischen Problemen erhalten geblieben. Nach wie vor ist die Veräußerung von Privatvermögen bzw. die Wertveränderung von Wirtschaftsgütern, die zur Einkunftserzielung eingesetzt werden, grundsätzlich einkommensteuerlich irrelevant, sofern es sich nicht um einen Vorgang nach § 17 EStG, nach § 23 EStG oder nach § 21 UmwStG in Zusammenhang mit einbringungsgeborenen Anteilen handelt[165]. Die deutliche Erweiterung der auch im Privatvermögen erfassten Veräußerungsvorgänge bringt zum Ausdruck, dass zumindest bei Wertpapieren und Grundbesitz die steuerliche Erfassung eher die Regel als die Ausnahme darstellt[166].

---

[161] BFH, Urt. v 29.03.1989, X R 4/84, BStBl. II 1989, S. 652; v. Bornhaupt, BB 2003, S. 125, 126.
[162] Tipke/Lang, Steuerrecht, 17. Aufl. Köln 2002, § 9 Rn. 595; Tibo, DB 2001, S. 2369.
[163] Tipke/Lang, Steuerrecht, 17. Aufl. Köln 2002, § 9 Rn. 595.
[164] H/H/R-Risthaus, § 23 EStG Rn. R 5; Prinz/Ommerborn, FR 2001, S. 977, 978.
[165] BFH, Urt. v. 28.11.1990, X R 197/87, BStBl. II 1991, S. 300, 304; Prinz/Ommerborn, FR 2001, S. 977, 981; Kanzler, FR 2000, S. 1245, 1247.
[166] Prinz/Ommerborn, FR 2001, S. 977, 981; Kanzler, FR 2000, S. 1245, 1247.

Der These von *Prinz/Ommerborn*[167], die Tatbestandsausweitung der §§ 17, 23 EStG durch das StEntlG 1999/2000/2002 bilde den Auftakt zur Einführung einer capital-gains-Besteuerung in Deutschland, kann - mit *Kanzler*[168] - so nicht zugestimmt werden. Entscheidend ist vielmehr die auf den Einfluss der Reinvermögenszugangs- und der Quellentheorie zurückzuführende unterschiedliche steuerliche Behandlung betrieblicher Veräußerungsgewinne, die stets erfasst werden und privater Veräußerungsgewinne, die grundsätzlich steuerfrei sind. Diese gilt es zu beseitigen. Anzustreben ist zumindest eine Gleichbehandlung der Veräußerung von betrieblichem und privatem Erwerbsvermögen[169].

3. Fazit

Bei den sogenannten Gewinneinkunftsarten im Sinne des § 2 Abs. 2 Nr. 1 EStG basiert der durch den Betriebsvermögensvergleich definierte Gewinnbegriff des § 4 Abs. 1 Satz 1 EStG auf der Reinvermögenszugangstheorie. Danach ist jeder Reinvermögenszugang, ganz gleich, aus welcher Quelle er stammt und ganz gleich, ob es sich um einen regelmäßig wiederkehrenden oder um einen einmaligen Vorgang handelt, als Einkommen zu betrachten. Dem Ideal der Reinvermögenszugangstheorie entsprechend wäre also eine globale, alle realisierten und nicht realisierten Wertsteigerungen erfassende Wertzuwachssteuer anzustreben. Mit diesem weitgesteckten Anspruch hat sich die Reinvermögenszugangstheorie allerdings nicht durchgesetzt. Da einer Besteuerung der nicht realisierten Wertzuwächse alle Mängel einer Besteuerung der Vermögenssubstanz anhaften würden, wurde die Reinvermögenszugangstheorie rechtsdogmatisch auf das realisierte, durch den Markt wertbestätigte Einkommen zurückgeschnitten. Damit ergibt sich die (erste) Beschränkung der Reinvermögenszugangstheorie auf das am Markt realisierte Einkommen (Markteinkommenstheorie).

Das den in § 2 Abs. 2 Nr. 2 EStG bezeichneten Überschusseinkunftsarten zu Grunde liegende Konzept ist die Quellentheorie, die zugleich eine zweite Einschränkung der Reinvermögenszugangstheorie darstellt. Sie unterscheidet zwischen den zum steuerbaren Einkommen zählenden laufenden Einkünften (Besteuerungsgegenstand) und den nicht zum Einkommen gehörenden Wertänderungen im Stammvermögen (Quellenvermögen). Nach der Quellentheorie gehören Erträge aus gelegentlichen[170] privaten Vermögensveräußerungen prinzipiell nicht zum steuerbaren Einkommen.

---

[167] Prinz/Ommerborn, FR 2001, S. 977, 981.
[168] Kanzler, FR 2000, S. 1245, 1247.
[169] So auch Kanzler, FR 2000, S. 1245, 1248.
[170] Im geltenden Recht wird hiernach die Grenze zur Gewerblichkeit bestimmt; vgl. dazu u.a. BFH, Urt. v. 20.12.2000, X R 1/97, BB 2001, S. 1388, 1390 m.w.N.

Der im heutigen Einkommensteuergesetz enthaltene Kompromiss zwischen beiden Theorien zeigt sich insbesondere bei den als siebte Einkunftsart erfassten sonstigen Einkünften im Sinne des § 22 EStG. Unter die sonstigen Einkünfte fallen sowohl einmalige und zufällige Vermögenszugänge als auch regelmäßig zufließende Bezüge. Dazu gehören z.B. Einkünfte aus privaten Veräußerungsgeschäften (§§ 22 Nr. 2, 23 EStG).

Trotz der in den letzten Jahren stetigen Erweiterung des Tatbestandes des § 23 Abs. 1 EStG ist das dualistische Prinzip der Einkünfteermittlung mit allen seinen steuersystematischen Problemen erhalten geblieben. Nach wie vor ist die Veräußerung von Privatvermögen bzw. die Wertveränderung von Wirtschaftsgütern, die zur Einkunftserzielung eingesetzt werden, grundsätzlich einkommensteuerlich irrelevant, sofern es sich nicht um einen Vorgang nach § 17 EStG, nach § 23 EStG oder nach § 21 UmwStG in Zusammenhang mit einbringungsgeborenen Anteilen handelt[171].

C. Status quo der Besteuerung privater Veräußerungs- geschäfte

Im gegenwärtigen Einkommensteuerrecht ist die Besteuerung privater Veräußerungsgeschäfte abschließend in §§ 22 Nr. 2, 23 EStG geregelt. Trotz der durch das Steuerentlastungsgesetz 1999/2000/2002 (StEntlG) eingefügten Erweiterungen blieb die Veräußerung von Privatvermögen bzw. die Wertveränderung von Wirtschaftsgütern, die zur Einkunftserzielung eingesetzt wurden, grundsätzlich einkommensteuerlich irrelevant. Die Ausnahmen erstrecken sich auf Besteuerungstatbestände nach § 17 EStG, nach § 23 EStG oder nach § 21 UmwStG in Zusammenhang mit einbringungsgeborenen Anteilen[172]. Der Dualismus der Einkünfteermittlung blieb also grundsätzlich erhalten[173]. Doch kam bereits hier deutlich zum Ausdruck, dass zumindest bei Wertpapieren und Grundbesitz die steuerliche Erfassung eher die Regel als die Ausnahme darstellt[174].

Im Folgenden wird – nach einer kurzen Erläuterung der einschlägigen Besteuerungstatbestände - die Vorschrift des § 23 Abs. 1 EStG am Maßstab der vorstehend erläuterten systematischen und verfassungsrechtlichen Kriterien gemessen. Von Bedeutung sind hierbei insbesondere der Aspekt des Einkünftedualismus

---

[171] BFH, Urt. v. 28.11.1990, X R 197/87, BStBl. II 1991, S. 300, 304; Prinz/Ommerborn, FR 2001, S. 977, 981; Kanzler, FR 2000, S. 1245, 1247.

[172] BFH, Urt. v. 28.11.1990, X R 197/87, BStBl. II 1991, S. 300, 304; Prinz/Ommerborn, FR 2001, S. 977, 981; Kanzler, FR 2000, S. 1245, 1247.

[173] Kanzler, FR 2000, S. 1245, 1247; a.A. Prinz/Ommerborn, FR 2001, S. 977, 981, die bereits hier den Auftakt zu einer capital-gains-Besteuerung sahen.

[174] Prinz/Ommerborn, FR 2001, S. 977, 981; Kanzler, FR 2000, S. 1245, 1247.

sowie die Frage der Verwirklichung des Gleichheitssatzes im Bereich der Steuererhebung. Festgestellt wurde bereits, dass das gegenwärtige Einkommensteuerrecht sich vom ursprünglichen Leitbild des synthetischen Modells entfernt hat und mit zahlreichen Schedulenelementen durchsetzt ist („Hybridizität").

I. Gegenwärtige Rechtslage

Der Begriff des privaten Veräußerungsgewinns umfasst nicht, was der Wortsinn durchaus nahe legen könnte, alle gewinnrealisierenden Veräußerungsvorgänge außerhalb des Betriebsvermögensbereichs. Grundsätzlich ist damit nur der Gewinn aus der Veräußerung des bisher der Einkommenserzielung dienenden privaten Vermögens gemeint[175]. Im Unterschied zum laufenden Ertrag handelt es sich daher um Gewinne, die mit der vollständigen oder partiellen Einstellung einer steuerpflichtigen Betätigung oder eines solchen Engagements zusammenhängen[176]. Dies ist nicht zuletzt einer der Gründe, warum die Aufgabe- bzw. Entnahmegewinne den Veräußerungsgewinnen gleichgestellt sind (§ 23 Abs. 1 Satz 2 EStG)[177].

Im Wesentlichen steuerlich erfasst werden durch § 23 Abs. 1 Satz 1 EStG Veräußerungsgeschäfte bei Grundstücken und grundstückgleichen Rechten, wenn die Veräußerung innerhalb von zehn Jahren nach der Anschaffung erfolgt (Abs. 1 Satz 1 Nr. 1). Weiterhin erfasst werden Veräußerungsgeschäfte bei anderen Wirtschaftsgütern, insbesondere Wertpapieren (Abs. 1 Satz 1 Nr. 2) sowie Termingeschäfte (Abs. 1 Satz 1 Nr. 4), soweit die Veräußerung innerhalb eines Jahres nach der Anschaffung stattfindet. Vom Geschäft im Sinne des § 23 Abs. 1 Satz 1 Nr. 2 EStG unterscheidet sich das Termingeschäft dadurch, dass nach dem Vertragsinhalt kein Wirtschaftsgut erworben oder veräußert werden soll[178]. Im Einzelfall soll eine Abgrenzung zwischen Differenz- und Liefergeschäft entbehrlich sein, zumal die Behaltensfrist in beiden Fällen ein Jahr beträgt[179]. Schließlich erfasst § 23 Abs. 1 Satz 1 Nr. 3 EStG jene Veräußerungsgeschäfte, bei denen die Veräußerung noch vor dem Erwerb erfolgt.

---

175 Kanzler, FR 2003, S. 1; Kanzler, FR 2000, S. 1245, 1246.

176 Kanzler, FR 2003, S. 1, 2 m.w.N.; Kanzler, FR 2000, S. 1245, 1246.

177 Ausnahmsweise verwendet das EStG den Begriff des Veräußerungsgewinns auch für laufende Erträge, so etwa in § 13 Abs. 4 Satz 5 EStG, der den steuerfreien Übergang von Wohnungen aus der Nutzungswertbesteuerung in das Privatvermögen regelt; jedoch findet sich weder in § 6b EStG noch in § 14a Abs. 4 EStG oder in § 23 EStG der Begriff des Veräußerungsgewinns, sämtlich Vorschriften, die die Veräußerung von Einzelwirtschaftsgütern betreffen; siehe auch: Kanzler, FR 2003, S. 1, 2; Kanzler, FR 2000, S. 1245, 1246.

178 H/H/R-Risthaus, EStG, § 23 Rn. 24; Wendt, FR 1999, S. 333, 351, 352.

179 Blümich-Glenk, EStG, § 23 Rn. 55; Wendt, FR 1999, S. 333, 351, 352.

Während Veräußerungsgewinne in Ländern mit einer Veräußerungsgewinnbesteuerung (capital gains tax) von Gesetzes wegen einer Sonderbehandlung durch Schedulenbesteuerung unterliegen, beruht die Sonderbehandlung von Veräußerungsgewinnen in Deutschland letztlich auf ihrer ursprünglichen Steuerfreiheit unter dem Einfluss der Quellentheorie[180]. Denn weder das PrEStG noch das REStG 1920[181] kannten außer dem Spekulationsgewinn einen steuerpflichtigen Gewinn aus der Veräußerung oder Aufgabe eines Betriebs oder Geschäftsanteils; man hatte eine dem heutigen Gewerbesteuerrecht angelehnte Vorstellung davon, dass Zuflüsse nach Beendigung der gewerblichen Tätigkeit „nicht mehr gewerbliches Einkommen" seien[182]. Bei den privaten Veräußerungsgeschäften sind in der Besteuerungsrealität die Grenzen zwischen laufenden und einmaligen Einkünften insbesondere bei der Einordnung von Finanzprodukten verwischt[183]. Nach der Quellentheorie wären Gewinne aus diesen Geschäften grundsätzlich nicht der steuerbaren Einkommenssphäre zuzuordnen[184]. Dies erachtete der Gesetzgeber jedoch als nicht sachgerecht[185].

II. Der Dualismus der Einkünfteermittlung als Verstoß gegen das Gleichheitsprinzip

Das deutsche System der Besteuerung ist, korrespondierend mit dem noch vorherrschenden weltweiten Verständnis, kapitalorientiert. Dem Konzept kapitalorientierter Besteuerung entspricht neben den Substanzsteuern vor allem die Ausgestaltung der Einkommensteuer nach der auf die Markteinkommenstheorie reduzierten und durch die Quellentheorie beschränkten Reinvermögenszugangstheorie (siehe oben)[186].

Die beiden auf der Unterscheidung in Quellentheorie und Reinvermögenszugangstheorie beruhenden Quantifizierungstechniken der „Gewinnermittlung" und „Überschussermittlung" (§ 2 EStG) können bei gleichem Sachverhalt zu unterschiedlichen Belastungsergebnissen führen. Damit stellt sich die Frage, ob

---

[180] Kanzler, FR 2000, S. 1245, 1246; Kanzler, FR 2003, S. 1, 2.

[181] Das sich zwar schon der Reinvermögenszugangstheorie verschrieben hatte, diese aber insofern noch nicht konsequent umsetzte, als §§ 12 Nr. 12, 13 REStG 1920 ausdrücklich noch Steuerbefreiungen für Veräußerungsgewinne vorsah; vgl. dazu u.a. Kanzler, FR 2003, S. 1, 2.

[182] Siehe etwa Fuisting/Strutz, Das Preußische Einkommensteuergesetz, 5. Aufl. Berlin 1914, § 13 Anm. 21a; Kanzler, FR 2003, S. 1, 2.

[183] Prinz/Ommerborn, FR 2001, S. 977, 981.

[184] Wöhe, Betriebswirtschaftliche Steuerlehre, S. 104; Tipke/Lang, Steuerrecht, 17. Aufl. Köln 2002, § 9 Rn. 183, 556.

[185] Tibo, DB 2001, S. 2369.

[186] H.W. Sinn, Kapitaleinkommensbesteuerung, Eine Analyse der intertemporalen, internationalen und intersektoralen Allokationswirkungen, Tübingen 1985.

diese Belastungsunterschiede einen Gleichheitsverstoß begründen[187]. Diese Gleichheitsfrage ist der Kernpunkt einer wachsenden Kritik an dem „Dualismus der Einkunftsarten“[188]. Zwar wurde der Dualismus der Einkunftsarten von der älteren Rechtsprechung des Bundesverfassungsgerichts in mehreren Entscheidungen aus den Jahren 1969[189] und 1970[190] gebilligt[191], doch herrscht mittlerweile weitgehend Einigkeit, dass er weder mit der Markteinkommenstheorie[192], noch mit dem Gleichheitssatz und dem daraus abgeleiteten Leistungsfähigkeitsprinzip zu vereinbaren ist.

Gleichheitsrechtliche Bedenken werden vor allem dahingehend geäußert, dass dem Dualismus von Vermögensvergleich und Überschussermittlung zwei gegenläufige Vorstellungen des Einkommenstatbestandes zugrunde liegen, die sich im wesentlichen aus der Reinvermögenszugangstheorie einerseits und aus der Quellentheorie andererseits herleiten[193], und die Ursache von Steuervermeidungen in großem Ausmaß sind[194]. Auch ist der Dualismus der Einkunftsarten nach *Tipke*[195] unter dem Aspekt der Besteuerung nach der Leistungsfähigkeit nicht zu rechtfertigen[196]. Nur eine Beseitigung des Dualismus könne danach die Gleichbelastung aller Steuerpflichtigen garantieren[197].

Zur Begründung wird im Wesentlichen angeführt, dass angesichts des Methodendualismus des deutschen Steuerrechts nicht auf eine materielle Gleichbehandlung der Steuerpflichtigen deshalb geschlossen werden könne, weil – die in ganz verschiedener Weise ermittelten Einkommen - mit den gleichen Tarifen belegt werden. Solange die Ermittlung der Einkünfte für die einzelnen Einkunftsarten nicht nach gleichen Grundsätzen und Berechnungsregeln erfolge, bleibe die Schlussfolgerung, dass das Leistungsfähigkeitsprinzip eine Besteuerung des Einkommens fordere[198], inhaltsleer, wenn nicht die Frage geklärt ist, welches

---

[187] Kirchhof, in Kirchhof/Söhn, EStG, § 2 Rn. C 8.
[188] Kirchhof, in Kirchhof/Söhn, EStG, § 2 Rn. C 8.
[189] BVerfG v. 09.07.1969, 2 BvL 20/65, BStBl. II 1970, S. 156 betr. § 23 EStG und v. 07.10.1969, 2 BvL 3/66, BVerfGE 27, S. 111 betr. § 17 EStG.
[190] BVerfG v. 11.05.1970, 1 BvL 17/67, BVerfGE 28, S. 227 betr. § 4 Abs. 1 S. 5 EStG.
[191] Siehe dazu auch: v. Bornhaupt, BB 2003, S. 125, 126.
[192] Kanzler, FR 2000, S. 1245, 1247.
[193] Kirchhof, in Kirchhof/Söhn, EStG, § 2 Rn. C 8; Tipke/Lang, Steuerrecht, 17. Aufl. Köln 2002, § 9 Rn. 187.
[194] Wagner, DStR 1997, S. 517.
[195] Tipke, in: Raupach/Tipke/Uelner, Niedergang oder Neuordnung des deutschen Einkommensteuerrechts?, Köln, 1985, S. 139.
[196] Zugmaier, in: H/H/R, § 2 Rn. 11.
[197] Wagner, DStR 1997, S. 517.
[198] Kirchhof, StuW 1985, S. 327.

Einkommen gemeint ist[199]. Ob eine wirtschaftliche Gleichbehandlung verschiedener Steuerpflichtiger vorliegt, sei erst dann entscheidbar, wenn auch die Methoden der Einkommensermittlung angeglichen werden[200].

Auf die (mögliche) „Unhaltbarkeit des Dualismus unter dem Aspekt gleichmäßiger Besteuerung nach der Leistungsfähigkeit" hinsichtlich der unterschiedlichen Erfassung von Veräußerungsgewinnen im geltenden Einkommensteuerrecht hat auch *Tipke*[201] hingewiesen. Nach seiner Auffassung soll der Dualismus der Gewinnermittlung allerdings nicht gegen den Gleichheitssatz verstoßen, da letztlich das „Prinzip der Gesamtgewinngleichheit" beachtet werde[202]. Diese Sichtweise ist jedoch deshalb unvollständig, da sie ausschließlich Bemessungsgrundlageneffekte durch Erfassung bzw. Nichterfassung von Veräußerungsgewinnen beachtet, hingegen die aus den verschiedenen Methoden der Einkunftsermittlung resultierenden Zinseffekte ignoriert. Beide Effekte können rechnerisch aber den gleichen Barwert an Steuervorteilen oder Steuernachteilen haben. Deshalb sind hieraus resultierende steuerliche Belastungsunterschiede im Sinne ökonomischer Kategorien auch von gleicher Bedeutung. Es erscheint daher schwer vorstellbar, dass im Sinne rechtlicher Gleichheitskategorien aus unterschiedlichen Zinseffekten resultierende Gleichheitsverletzungen unbeachtlich sein sollten, die aus verschiedenen Methoden der Einkunftsermittlung resultieren[203]. Insofern ist die Feststellung *Langs*[204], dass der Dualismus der Einkünfteermittlung den Gleichheitssatz verletzt, zutreffend.

Im herrschenden Schrifttum[205] wird dementsprechend der Gesetzgeber zu Recht aufgefordert, zumindest die Veräußerung von betrieblichem und privatem Erwerbsvermögen gleich zu behandeln.

---

[199] Wagner, StuW 2000, S. 431, 433.

[200] Wagner, StuW 2000, S. 431, 433.

[201] Tipke, Die Steuerrechtsordnung, Bd. II, Köln 1993, S. 649; Tipke, in: Raupach/Tipke/Uelner, Niedergang oder Neuordnung des deutschen Einkommensteuerrechts?, Köln, 1985, S. 139.

[202] Tipke, Die Steuerrechtsordnung, Bd. II, Köln 1993, S. 649; Wagner, StuW 2000, S. 431, 433 Fn. 19, 20.

[203] Lang, Die Bemessungsgrundlage der Einkommensteuer, in Tipke/Bozza (Hrsg.), Besteuerung von Einkommen, 2000, S. 123 ff.; Wagner, StuW 2000, S. 431, 434 Fn. 21; vgl. auch Tipke/Lang, Steuerrecht, 17. Aufl. Köln 2002, § 9 Rn. 187.

[204] Lang, Die Bemessungsgrundlage der Einkommensteuer, in Tipke/Bozza (Hrsg.), Besteuerung von Einkommen, 2000, S. 123 ff.; Wagner, StuW 2000, S. 431, 434 Fn. 21; vgl. auch Tipke/Lang, Steuerrecht, 17. Aufl. Köln 2002, § 9 Rn. 187.

[205] Vgl. u.a. Kanzler, FR 2000, S. 1245, 1248 m.w.N.; Tipke/Lang, Steuerrecht, 17. Aufl. Köln 2002, § 9 Rn. 187; so letztlich auch Crezelius, in: Kirchhof/Söhn, EStG, § 23 Rn. A 87.

III. Das strukturelle Vollzugsdefizit im Bereich der Steuererhebung als Verstoß gegen das Gleichheitsprinzip

Schon lange bevor sich Bundesverfassungsgericht[206] und BFH[207] in ihren jüngeren Entscheidungen mit der Frage des strukturellen Vollzugsdefizits bei der Besteuerung von privaten Wertpapier-Veräußerungsgeschäften auseinander setzten, wurde vor dem Hintergrund der mit der Zinsbesteuerung gemachten Erfahrungen gefragt, wie die Besteuerung von Veräußerungsgewinnen zu bewerkstelligen sein solle, die doch weit weniger als Zinseinkünfte erfasst und dokumentiert sind[208]. Hinweise darauf finden sich nun in der Entscheidung des Bundesverfassungsgerichts vom 9. März 2004 sowie den beiden Entscheidungen des BFH vom 16. Juli 2002 bzw. vom 11. Juni 2003, auf deren Kernaussagen im Folgenden eingegangen wird.

1. Der Vorlagebeschluss des BFH vom 16. Juli 2002

Mit seinem Judikat vom 16. Juli 2002[209] ersucht der BFH um eine Entscheidung des Bundesverfassungsgerichts zu der Frage, ob § 23 Abs. 1 Satz 1 Nr. 1 lit. b EStG in der für den Veranlagungszeitraum 1997 maßgeblichen Fassung[210] mit dem Grundgesetz vereinbar ist. Nach der Überzeugung des vorlegenden Senats ist die Vorschrift mit Art. 3 Abs. 1 GG nicht vereinbar. Die Durchsetzung des aus dieser Norm erwachsenden Steueranspruchs werde wegen struktureller Vollzugshindernisse weitgehend vereitelt und die materielle Steuernorm von den Finanzbehörden tatsächlich nicht vollzogen.

Nach Ansicht des BFH sind die den Finanzbehörden im Veranlagungsverfahren zur Überprüfung von steuerrechtlich relevanten Sachverhalten zur Verfügung stehenden Instrumentarien[211] für Einkünfte im Sinne der § 22 Nr. 2, 23 Abs. 1

---

[206] BVerfG, Urt. v. 09.03.2004, 2 BvL 17/02, NJW 2004, S. 1022.

[207] BFH, Beschl. v. 16.07.2002, IX R 62/99, FR 2002, S. 1283; Vorinstanz: FG Schleswig-Holstein, Urt. v. 23.09.1999, V-7/99, EFG 2000, S. 178; vgl. dazu Balmes, FR 2000, S. 1069-1073; BFH, Beschl. v. 11.06.2003, IX B 16/03, DB 2003, S. 1481; vgl. dazu Harenberg, Gestaltende Steuerberatung 8/2003, S. 326, 327.

[208] Pöllath, DB 1998, S. 2033, 2034.

[209] BFH, Beschl. v. 16.07.2002, IX R 62/99, FR 2002, S. 1283; Vorinstanz: FG Schleswig-Holstein, Urt. v. 23.09.1999, V-7/99, EFG 2000, S. 178.

[210] EStG v. 16.04.1997, BGBl. I 1997, S. 821.

[211] In der Entscheidung angesprochen werden: Außenprüfungen; Kontrollmitteilungen i.R. von Außenprüfungen bei Banken; Nutzung der auf Grundlage des § 45d Abs. 1 EStG erstellte Kontrollmitteilungen über vom Steuerabzug freigestellte Kapitalerträge für Ermittlungen i.R. des Besteuerungsverfahrens; Möglichkeit der Nachfrage beim Bundesamt für Finanzen, ob, in welcher Höhe und bei welchen Kreditinstituten der Steuerpflichtige Kapitalerträge vom Steuerabzug hat freistellen lassen; § 93 AO; Anlage SO bei der Einkommensteuerveranlagung.

Satz 1 EStG entweder schon nicht einschlägig oder sie genügen den verfassungsrechtlichen Vorgaben an die steuerliche Lastengleichheit nicht. Für die Erfassung von Spekulationsgeschäften steht den Finanzbehörden demnach kein hinreichendes gesetzliches Instrumentarium zur Verfügung. Zur Erfüllung der verfassungsrechtlichen Anforderungen ist nach Ansicht des vorlegenden Senats eine umfassende, voraussetzungslose Prüfungsbefugnis zur Überwachung dieser Einkünfte erforderlich. Da eine derartige Prüfungsbefugnis aber nach den geltenden Erhebungsvorschriften ausgeschlossen sei, könne die Besteuerung von Wertpapierspekulationseinkünften nicht durchgesetzt werden; sie verletze somit Art. 3 Abs. 1 GG.

Damit folgt der vorlegende Senat weitgehend dem klägerischen Vortrag im Revisionsverfahren und dem Ergebnis eines Berichts des Bundesrechnungshofes (BRH) über die Besteuerung der Einkünfte aus privaten Veräußerungsgeschäften mit Wertpapieren vom 24. April 2002[212]. In seinem die Jahre 1997 bis 1999 betreffenden Bericht kommt der BRH zu dem Schluss, dass die Besteuerung von Einkünften aus privaten Veräußerungsgeschäften unter strukturellen Mängeln leide, die eine grundsätzliche Abhilfe erforderten. Diese könne nur der Gesetzgeber schaffen.

Nach Ansicht des vorlegenden Senats beschränkt insbesondere § 30a AO die durch § 194 Abs. 3 AO eröffneten Prüfungsbefugnisse im Rahmen der Außenprüfung und enthält damit eine weitgehende Einschränkung der Befugnis zur Anfertigung von Kontrollmitteilungen (§ 30a Abs. 3 Satz 2 AO). Dies sieht auch das Bundesverfassungsgericht [213] so, bewertet es doch die mit § 30a Abs. 3 Satz 2 AO wörtlich identische Vorgängerregelung in Nr. 3 Satz 2 des Bankenerlasses[214] als ein „Verbot der Kontrollmitteilungen". Im Streitfall – so der BFH - komme es letztlich nicht darauf an, wie weit der durch § 30a AO geschützte Kernbestand des Bankgeheimnisses reicht. Denn jedenfalls gehe die Rechtsprechung übereinstimmend davon aus, dass Kontrollmaterial über die Verhältnisse Dritter im Rahmen einer Außenprüfung nach § 30a Abs. 3 Satz 1 AO nicht „ins Blaue hinein" gefertigt werden dürfe[215]; gerade damit werde aber eine allgemeine Steuerüberwachung von Einkünften aus § 22 Nr. 2 i.V.m. § 23 Abs. 1 Satz 1 Nr. 1 lit. b EStG 1997 auf der Bankenebene ausgeschlossen.

---

[212] BT-Drs. 14/8863; Einführung des Berichts durch den IX. Senat i.R. der mündlichen Verhandlung am 16.07.2002.

[213] BVerfGE 84, S. 239, 278, BStBl. II 1991, S. 654, 668; ebenso Birk, StuW 1989, S. 212, 213.

[214] BStBl. I 1979, S. 590.

[215] BFHE 183, S. 45, BStBl. II 1997, S. 499; BFHE 196, S. 4, BStBl. II 2001, S. 665; BFHE 192, S. 260, BStBl. II 2000, S. 648.

Es genüge – so der BFH - auch nicht, wenn die Finanzverwaltung ausschließlich durch organisatorische Maßnahmen (z.B. Anlage SO in der Einkommensteuerveranlagung) versuche, ein durch gesetzliche Erhebungsregeln begründetes strukturelles Erhebungshindernis zu bekämpfen. Strukturelle Erhebungshindernisse würden durch den Gesetzgeber geschaffen und seien durch diesen zu beseitigen; organisatorische Maßnahmen der Verwaltung reichten dazu nicht aus[216].

2. Der Aussetzungsbeschluss des BFH vom 11. Juni 2003

Diese Sichtweise bestätigt der BFH in seinem Beschluss vom 11. Juni 2003[217]. Im Unterschied zum Vorlagebeschluss vom 16. Juli 2002 handelte es sich hier um ein Aussetzungsverfahren, bei dem schon ernstliche Zweifel an der Rechtmäßigkeit – und nicht wie im Verfahren zur Hauptsache die richterliche Überzeugung von der Rechtswidrigkeit – des angefochtenen Bescheids den Erfolg des Antrags sichern[218]. Bezüglich der Zweifel an der Rechtmäßigkeit der Norm stützt sich der BFH in erster Linie auf seinen Vorlagebeschluss vom 16. Juli 2002.

Ein weiterer Unterschied zum Vorlagebeschluss – auf den *Bilsdorfer*[219] zu Recht hinweist – liegt darin, dass es beim Aussetzungsbeschluss um den Steuerbescheid eines steuerunehrlichen Antragstellers ging. Dieser hatte in seiner Steuererklärung keine Einkünfte aus Spekulationsgeschäften erklärt. Erst im Zuge einer Außenprüfung fiel die Unterlassung auf. Das Finanzamt erließ einen Änderungsbescheid, der die streitigen Einkünfte nachträglich erfasste. Der Antragsteller beantragte zunächst erfolglos beim FG Düsseldorf[220] die Aussetzung der Vollziehung. Der BFH schließlich hielt die eingelegte Beschwerde für begründet und setzte die Vollziehung aus.

Der BFH perpetuiert damit das von ihm gerügte Erfassungsdefizit[221]. Er tut dies, indem er als mögliche Entscheidungsvariante auf Seiten des Bundesverfassungsgerichts anstelle einer sogenannten pro-futuro-Entscheidung die Verwer-

---

[216] BFH, Beschl. v. 16.07.2002, IX R 62/99, FR 2002, S. 1283.
[217] BFH, Beschl. v. 11.06.2003, IX B 16/03, DB 2003, S. 1481.
[218] Vgl. BFHE 175, S. 421 = BStBl. II 1995, S. 778 m.w.N.
[219] Bilsdorfer, NJW 2003, S. 2509, 2510.
[220] FG Düsseldorf, EFG 2003, S. 557.
[221] Bilsdorfer, NJW 2003, S. 2509, 2510; ähnlich wie das FG Münster, EFG 2003, S. 677 (Beschwerde eingelegt; Az. des BFH: VII B 85/03). Dort geht es um die Rechtmäßigkeit eines Auskunftsersuchens mit Blick auf das bestehende Vollzugsdefizit bei den Einkünften aus Spekulationsgeschäften. Auch hier ordnete der BFH schließlich die AdV an, vgl. BFH, Beschl. v. 21.10.2003, VII B 85/03, DStR 2003, S. 2113.

fung des Gesetzes in Form der Nichtigkeitserklärung in betracht zieht, von der dann offensichtlich auch der Antragsteller profitieren sollte[222]. Das Bundesverfassungsgericht – so der BFH – könnte über das Verlangen einer Übergangsregelung zur Herstellung verfassungsmäßiger Zustände im Bereich der Einkünfte aus Spekulationsgeschäften hinausgehen und zur Nichtigkeitserklärung gelangen.

So weit war der BFH in seinem Vorlagebeschluss vom 16. Juli 2002 noch nicht gegangen. Konnte vor dem Aussetzungsbeschluss noch damit gerechnet werden, dass das Bundesverfassungsgericht nur eine Appellentscheidung treffen würde, nach der die verfassungswidrige Besteuerung aus § 23 EStG noch für eine Übergangszeit hingenommen werden muss und gleichzeitig der Gesetzgeber aufgefordert wird, die Besteuerung von privaten Veräußerungsgeschäften neu zu regeln[223], war dies nach dem Beschluss des BFH vom 11. Juni 2003 nicht mehr ohne Weiteres anzunehmen.

Denn die Begründung des BFH überzeugt: Obwohl das Bundesverfassungsgericht im Zinsurteil zum Ausdruck gebracht hat, dass die als § 30a in die Abgabenordnung 1977 übernommenen Regelungen des Bankenerlasses ein strukturelles Vollzugshindernis darstellten, die eine gleichheitskonforme Erhebung von Kapitaleinkünften verhinderten[224], habe sie der Gesetzgeber weder aufgehoben noch geändert und damit in Kauf genommen, dass die strukturelle Gegenläufigkeit der Regelungen auch weiterhin Ungleichheiten im Belastungserfolg mit sich bringt.

Dies gelte umso mehr, als der Gesetzgeber im StEntlG 1999/2000/2002 die Unzulänglichkeit der bisherigen Steuererhebung offenbar erkannt und zur Verbesserung der Erhebungssituation den Anwendungsbereich der - nach Ansicht des Senats für diesen Zweck untauglichen - Vorschrift des § 45d Abs. 1 EStG erweitert hat. Der BFH hält daher eine Übergangsfrist, in der die materielle Verfassungswidrigkeit bis zu einer Neuregelung hinzunehmen wäre, nicht für angebracht, da der Gesetzgeber von dem bestehenden strukturellen Vollzugsdefizit seit langem Kenntnis hat.

3. Das Urteil des Bundesverfassungsgerichts vom 9. März 2004

Das Bundesverfassungsgericht folgt in seinem Urteil vom 9. März 2004[225] der Argumentationslinie des IX. BFH-Senats und bestätigt damit ausdrücklich seine

---

[222] Kritisch hierzu: Bilsdorfer, NJW 2003, S. 2509, 2510.
[223] So Harenberg, Gestaltende Steuerberatung 12/2002, S. 429, 431.
[224] Vgl. BVerfG-Urteil in BVerfGE 84, S. 239, 278 f., 282, BStBl II 1991, S. 654, 668 f.
[225] BVerfG, Urt. v. 09.03.2004, 2 BvL 17/02, NJW 2004, S. 1022 = FR 2004, S. 470.

eigene Rechtsprechung im Zinsurteil vom 27. Juni 1991[226], wonach die Gleichheit im Belastungserfolg durch die rechtliche Gestaltung des Erhebungsverfahrens nicht prinzipiell verfehlt werden darf. Das Bundesverfassungsgericht konkretisiert diese Aussage mit Urteil vom 9. März 2004 nunmehr dahingehend, dass verfassungsrechtlich insbesondere der Widerspruch zwischen dem normativen Befehl der materiell pflichtbegründenden Steuernorm und der nicht auf Durchsetzung angelegten Erhebungsregel verboten sei. Zur Gleichheitswidrigkeit führe nicht ohne weiteres die empirisch angelegte Ineffizienz von Rechtsnormen, wohl aber das normative Defizit des widersprüchlich auf Ineffektivität angelegten Rechts[227]. Nach diesem Maßstab entspreche die Besteuerung von Spekulationsgewinnen aus privaten Wertpapiergeschäften in den Veranlagungszeiträumen 1997 und 1998 nicht den Anforderungen des Art. 3 Abs. 1 GG[228]. § 23 Abs. 1 Satz 1 Nr. 1 lit. b EStG 1997 sei aufgrund struktureller Erhebungsmängel mit Art. 3 Abs. 1 GG unvereinbar und nichtig.

Das Verfahrensrecht für die betreffenden Veranlagungszeiträume ist nach Auffassung des Bundesverfassungsgerichts nicht auf eine wirksame Ermittlung und Kontrolle von Einkünften aus privaten Veräußerungsgeschäften bei Wertpapieren angelegt gewesen. Auch unter dem Aspekt der realitätsgerechten Ausgestaltung des Erhebungsverfahrens müsse von einem strukturellen Erhebungsdefizit ausgegangen werden. Diejenigen, die über die für eine Besteuerung notwendigen Informationen verfügten, waren nicht verpflichtet, die einschlägigen Daten gegenüber den Finanzbehörden in einem allgemeinen Verfahren transparent zu machen. Es fehlten – so das Bundesverfassungsgericht – Instrumentarien etwa in Gestalt einer „Jahresbescheinigung über Kapitalerträge und Veräußerungsgewinne aus Finanzanlagen", wie sie nunmehr der durch das Steueränderungsgesetz 2003 (StÄndG 2003[229]) eingefügte § 24c EStG insbesondere von Kreditinstituten und Finanzdienstleistungsinstituten verlangt[230].

Das Bundesverfassungsgericht erklärte die Steuernorm des § 23 Abs. 1 Satz 1 lit. b EStG daher wegen des dem Gesetzgeber zuzurechnenden strukturellen Vollzugsdefizits für nichtig. Die Nichtigerklärung gemäß § 78 BVerfGG entspricht dem, was man in Kenntnis des vorstehend erläuterten Aussetzungsbeschlusses des BFH vom 11. Juni 2003 erwarten durfte. Folge dieser Nichtigerklärung ist, dass die von der gleichheitswidrigen Norm erfassten privaten Ver-

---

[226] BVerfG, Urt. v. 27.06.1991, 2 BvR 1493/89, BStBl. II 1991, S. 654, 668; vgl. dazu ausführlich: Risto/Julius, DB 2002, Beil. Nr.4/2002, S. 1-11.

[227] Vgl. auch BVerfG, Urt. v. 09.03.2004, 2 BvL 17/02, NJW 2004, S. 1022, 1023 (zugleich Leitsatz).

[228] BVerfG, Urt. v. 09.03.2004, 2 BvL 17/02, NJW 2004, S. 1022, 1024.

[229] Steueränderungsgesetz 2003, BGBl. I 2003, S. 2645.

[230] BVerfG, Urt. v. 09.03.2004, 2 BvL 17/02, NJW 2004, S. 1022, 1028.

äußerungsgeschäfte bei Wertpapieren nicht (mehr) zu den Spekulationsgeschäften im Sinne der §§ 22 Nr. 2, 23 EStG zählen und damit auch nicht mehr als sonstige Einkünfte der Einkommensteuer unterliegen.

Das Bundesverfassungsgericht sah von einer bloßen Feststellung der Unvereinbarkeit der Norm mit Art. 3 GG ab, da die Gründe, die noch 1991 im Zinsurteil für die Einräumung einer Übergangsfrist für gesetzgeberische Nachbesserungen sprachen, nicht mehr vorliegen[231]. Insbesondere ist das Bundesverfassungsgericht der Überzeugung, dass eine nachträgliche Beseitigung der Verfassungswidrigkeit durch die Umgestaltung materieller und verfahrensrechtlicher Normen sowie durch einen auf der umgestalteten Rechtslage gründenden flächendeckenden Vollzug nicht möglich ist[232].

Das Bundesverfassungsgericht sieht als einzige wirklich effektive Möglichkeit zur Beseitigung des strukturellen Vollzugsdefizits die Einführung einer Quellensteuer an[233]. Dies entspricht der Empfehlung des Bundesverfassungsgericht zur Besteuerung von Zinseinkünften im Zinsurteil von 1991; diese wurde vom damaligen Gesetzgeber allerdings nicht beachtet.

4. Beschränkung der Aussagen auf die Jahre 1997 und 1998

Zeitgleich mit dem Urteil des Bundesverfassungsgerichts vom 9. März 2004 erschien auf der Homepage des Gerichts eine Pressemitteilung[234]. Dort heißt es im dritten Satz: „Die Nichtigerklärung erstreckt sich nicht auf die Nachfolgeregelungen der Norm." Noch am selben Tag erklärte die Parlamentarische Staatssekretärin beim Bundesminister der Finanzen, *Barbara Hendricks*, mittels einer Pressemitteilung, dass „das Bundesverfassungsgericht (...) hervorgehoben [hat], dass durch die gesetzgeberischen Maßnahmen seit 1999 das Vollzugsdefizit beseitigt wurde." Die letztgenannte Aussage wurde von *Harenberg* mit Recht als „mehr Wunschdenken des BMF (...) denn Rechtswirklichkeit" bezeichnet[235].

Gemäß Urteilstext hat der 2. Senat des Bundesverfassungsgerichts keineswegs hervorgehoben, dass das verfassungswidrige Vollzugsdefizit beseitigt wurde[236]. Er hat lediglich im Hinblick auf die mit dem StEntlG 1999/2000/2002[237] vorgenommenen Änderungen der materiellen Rechtslage von der verfassungsprozes-

---

231 BVerfG, Urt. v. 09.03.2004, 2 BvL 17/02, NJW 2004, S. 1022, 1030.
232 BVerfG, Urt. v. 09.03.2004, 2 BvL 17/02, NJW 2004, S. 1022, 1030.
233 BVerfG, Urt. v. 09.03.2004, 2 BvL 17/02, NJW 2004, S. 1022, 1023, 1029.
234 Nachweis bei Jacob/Vieten, FR 2004, S. 482.
235 Harenberg, Gestaltende Steuerberatung 4/2004, S. 116, 118.
236 Jacob/Vieten, FR 2004, S. 482.
237 Gesetz vom 24.03.1999, BGBl. I 1999, S. 402.

sual gemäß §§ 82 Abs. 1, 78 Satz 2 BVerfGG gegebenen Möglichkeit keinen Gebrauch gemacht, auch Nachfolgeregelungen zum § 23 EStG i.d.F. der Veranlagungszeiträume 1997 und 1998 für verfassungswidrig zu erklären[238]. Der 2. Senat hielt die Annahme eines strukturellen Vollzugsdefizits nicht ohne weiteres für übertragbar, weil nicht ausgeschlossen werden könne, dass aufgrund der erweiterten Verlustverrechnungsmöglichkeit in § 23 EStG und des veränderten Börsenklimas gar kein materieller Steueranspruch entstanden sei[239]. Daraus abzuleiten, das verfassungswidrige Vollzugsdefizit sei zwischenzeitlich behoben worden, ginge fehl[240].

Ob die gesetzgeberischen Maßnahmen seit 1999 das vorher bestehende verfassungswidrige Vollzugsdefizit beseitigt haben, bestimmt sich nach den materiellen Prüfungskriterien der kassatorischen Senatsentscheidung, angewendet auf den Gesetzesstand ab 1999[241].

Entscheidend ist für den 2. Senat das Verhältnis zwischen materieller Steuerpflicht und Vollzugsrealität[242]. Dieses könne sich im Laufe der Zeit in verfassungsrechtlich bedeutsamer Weise ändern. Ab dem Veranlagungszeitraum 1999 seien Spekulationsverluste periodenübergreifend von Spekulationsgewinnen abziehbar. Zudem habe im Laufe des Jahres 2000 eine negative Kursentwicklung an den Aktienmärkten eingesetzt. Sei wegen der Möglichkeit der Verlustverrechnung gemäß § 23 Abs. 3 Satz 9 EStG oder auch sonst aufgrund der Marktentwicklung kein wesentlicher Ertrag mehr zu erwarten, wirkten sich selbst „fortbestehende normative Defizite möglicherweise nicht mehr in verfassungsrechtlich relevanter Weise aus."[243] Nur aus diesem Grund hat der Senat die Nichtigkeit der überprüften Norm nicht auf deren Folgeregelung erstreckt. Über

---

[238] Kraft/Bäuml, FR 2004, S. 443, 444; unklar ist zudem, warum das Gericht die Feststellung der Nichtigkeit nicht auch auf die Veranlagungszeiträume vor 1997 bezogen hat, obwohl man für diese Zeiträume wohl erst recht von einem Erhebungsdefizit ausgehen muss, denn die Ermittlungspraxis wurde erst allmählich verschärft. Diese Zeiträume sind noch nicht allesamt verjährt. Denn solange nicht auch für die weiter zurückliegenden Veranlagungszeiträume die Nichtigkeit festgestellt ist, unterliegt der Steueranspruch auf die hinterzogenen Spekulationsgewinne der zehnjährigen Verjährungsfrist des § 169 Abs. 2 Satz 2 AO. Möglicherweise lässt sich im Weg der Auslegung der Entscheidung die Feststellung des Erhebungsdefizits auch auf frühere Zeiträume erstrecken. Anders als für die Jahre 1999 folgende hat das Gericht frühere Zeiträume zumindest nicht ausdrücklich von der Nichtigerklärung ausgenommen; vgl. dazu Hey, DB 2004, S. 724, 726.

[239] BVerfG, Urt. v. 09.03.2004, 2 BvL 17/02, NJW 2004, S. 1022, 1030.

[240] Kraft/Bäuml, FR 2004, S. 443, 444.

[241] Jacob/Vieten, FR 2004, S. 482.

[242] Jacob/Vieten, FR 2004, S. 482.

[243] BVerfG, Urt. v. 09.03.2004, 2 BvL 17/02, NJW 2004, S. 1022, 1030.

die Frage der Verfassungsmäßigkeit der Besteuerung privater Wertpapier-Veräußerungsgeschäfte seit 1999 ist damit noch nicht entschieden[244].

Entgegen dem Wortlaut der Entscheidung kann bei der Prüfung der Verfassungsmäßigkeit nicht ausschlaggebend sein, dass die Aktienkurse gefallen sind[245]. Wegen der Baisse mag zwar von § 23 EStG derzeit auch bei genügender Deklaration und Verifikation privater Veräußerungsgewinne kein nennenswerter fiskalischer Ertrag zu erwarten sein. Deshalb ist die tatsächliche Belastung der steuerehrlichen und der steuerunehrlichen Bürger möglicherweise derzeit nicht im verfassungsrechtlich relevanten Maßstab ungleich. Diese Einschätzung des Bundesverfassungsgerichts verliert allerdings bereits im Falle eines Aufschwungs an den Kapitalmärkten ihren Anspruch auf Gültigkeit[246]; im Übrigen gehen auch Verlustvorträge zur Neige[247]. Bei einem unveränderten Erhebungsverfahren kann ein vorübergehend von Verfassungs wegen hinzunehmendes Vollzugsdefizit schnell in einen verfassungswidrigen Zustand umschlagen[248]. Aus der seit 1999 möglichen Verlustverrechnung (§ 23 Abs. 3 Satz 9 EStG) und der schlechten Börsenlage zu folgern, Steuerpflichtige hätten mehr Anreiz zur Deklaration, macht den Vollzugserfolg von bestimmten tatsächlichen Konstellationen abhängig, ändert aber nichts an der Existenz der dem Vollzug entgegenstehenden Erhebungsregelungen, die das normative Erhebungsdefizit ausmachen. Denn das Entdeckungsrisiko für Steuerpflichtige, die trotz Verlustverrechnungsmöglichkeit und sinkenden Börsenkursen gleichwohl nach wie vor Gewinne zu versteuern haben, bleibt auch in den Jahren 1999 bis 2003 gering[249].

Der 2. Senat hat in seiner Erkenntnis eines strukturellen Erhebungsdefizits, das über bloße Mängel in der praktischen Umsetzung des Erhebungsvollzugs hinausgeht, richtigerweise auf eine normative Inkongruenz zwischen Steuerpflicht und Steuerdurchsetzung abgestellt[250]. Folglich kann eine aus tatsächlichen Gründen (Baisse) abnehmende Ineffizienz des Erhebungsverfahrens nicht dazu führen, dass das normative Defizit entfällt. Damit kommt es für die Frage, ob die Gesetzesänderungen seit 1999 zu einer verfassungsmäßigen Besteuerung priva-

[244] Jacob/Vieten, FR 2004, S. 482; ebenso Kraft/Bäuml, DB 2004, S. 615; Kraft/Bäuml, FR 2004, S. 443, 444; v. Wedelstädt, DB 2004, S.948; Hey, DB 2004, S. 724, 727.
[245] Jacob/Vieten, FR 2004, S. 482; so auch Harenberg, Gestaltende Steuerberatung 4/2004, S. 116, 118, der es als „recht abenteuerlich und realitätsfremd" bezeichnet, die qualitative Besserung des normativen Umfelds des § 23 EStG an der Börsenbaisse festzumachen; ebenso: Kraft/Bäuml, FR 2004, S. 443, 444.
[246] Kraft/Bäuml FR 2004, S. 443, 444.
[247] Jacob/Vieten, FR 2004, S. 482.
[248] Jacob/Vieten, FR 2004, S. 482.
[249] Hey, DB 2004, S. 724, 727.
[250] BVerfG, Urt. v. 09.03.2004, 2 BvL 17/02, NJW 2004, S. 1022, 1023.

ter Veräußerungsgewinne geführt haben, entscheidend darauf an, ob das normative Defizit beseitigt wurde[251].

Eine wesentliche Änderung des Verfahrensrechts hat sich jedoch seit 1999 nicht ergeben[252]. Bis heute gilt für Einkünfte aus privaten Wertpapier-Veräußerungsgeschäften das Deklarationsprinzip. Die strukturell gegenläufige Vorschrift des § 30a AO wurde nicht angetastet. Die ab dem Veranlagungszeitraum 1999 bestehende erweiterte Möglichkeit der Verwendung von (Freistellungs-) Bescheinigungen gemäß § 45d Abs. 1 EStG hielt der 2. Senat selbst für ungeeignet, die Vollzugseffizienz im Regelfall der Veranlagungspraxis zu erhöhen[253].
Die Einführung eines Vor- bzw. Rücktrags von Spekulationsverlusten hat die verfassungsrechtlich kritische Rechtslage gegenüber dem Stand vor dem Veranlagungszeitraum 1999 zwar unter dem Aspekt des Leistungsfähigkeitsprinzips entschärft. Ein Steuerpflichtiger, der Spekulationsverluste erlitten hat, wird diese möglicherweise auch erklären. Indes zwingt ihn dies nicht dazu, spätere Spekulationsgewinne aus privaten Veräußerungsgeschäften mit anderen Aktien bei seiner Steuererklärung anzugeben. Er wird dies ohne Entdeckungsrisiko freilich nur solange tun, bis die Spekulationsverluste kompensiert sind. Ein gesteigerter Erklärungsdruck auf den Steuerpflichtigen ist hieraus nicht zu abzuleiten. Damit hängt die Durchsetzung der materiellen Steueransprüche auch in der Zeit nach 1998 unverändert von einer „qualifizierten Erklärungsbereitschaft" des Steuerpflichtigen ab; das normative Defizit wurde durch diese Gesetzesänderung demnach nicht beseitigt[254].

Im Rahmen des vierten Finanzmarktförderungsgesetzes vom 21. Juni 2002[255] wurde § 24c KWG eingeführt. Danach hat jedes Kreditinstitut eine elektronisch abrufbare Datei zu führen, in der die Nummer eines Kontos oder eines Depots, der Tag seiner Errichtung und Auflösung sowie die Identität des Inhabers, eines Verfügungsberechtigten und eines abweichenden wirtschaftlichen Berechtigten zu speichern sind. Die Bundesanstalt für Finanzdienstleistungsaufsicht (BaFin) darf aus dieser Datei unter bestimmten Voraussetzungen Daten abrufen, unter anderem gemäß § 24c Abs. 3 Nr. 2 KWG auch auf Ersuchen von „im Übrigen für die Verfolgung und Ahndung von Straftaten zuständigen Behörden und Gerichten". Als strafverfolgende Behörde kommt auch die Finanzverwaltung in Betracht (§§ 386, 399 AO und § 400 AO)[256]. Die Finanzverwaltung könnte folg-

---

[251] Jacob/Vieten, FR 2004, S. 482.
[252] Harenberg, Gestaltende Steuerberatung 4/2004, S. 116, 118; Hey, DB 2004, S. 724, 727.
[253] BVerfG, Urt. v. 09.03.2004, 2 BvL 17/02, NJW 2004, S. 1022, 1026.
[254] Jacob/Vieten, FR 2004, S. 482.
[255] BGBl. I 2002, S. 2010, 2053.
[256] Jacob/Vieten, FR 2004, S. 482, 483.

lich die Amtshilfe der BaFin in Anspruch nehmen. Ermittlungen „ins Blaue hinein“ erlaubt § 24c KWG jedoch nicht. Die Auskunft erfordert einen zur Einleitung eines Ermittlungsverfahrens ausreichenden Anfangsverdacht einer Straftat. Hieran wird es im Regelfall der Steuerhinterziehung durch schlichte Nichterklärung von privaten Veräußerungsgewinnen aber fehlen. Die demgemäss eher theoretische Möglichkeit der Finanzverwaltung, über § 24c KWG zu erfahren, wo und wie viele Konten bzw. Depots ein Steuerpflichtiger unterhält, übt daher ebenfalls keinen nennenswerten Erklärungsdruck auf den Steuerpflichtigen aus[257].

Jüngst wurden durch Art. 2 und 3 des Gesetzes zur Förderung der Steuerehrlichkeit[258] verfahrensrechtliche Neuerungen im Hinblick auf die Besteuerung privater Veräußerungsgeschäfte geschaffen. Durch den in den §§ 93 Abs. 7 und 8, 93b AO verankerten Datenzugriff nach § 24c KWG kann die Finanzverwaltung mit Wirkung vom 1. April 2005 an über das Bundesamt für Finanzen und das BaFin dem Grunde nach für jeden Steuerpflichtigen abfragen, ob und wie viele Konten bzw. Depots dieser im Inland führt. Voraussetzung dafür ist nicht der Anfangsverdacht einer Straftat. Allerdings muss nach § 93 Abs. 7 AO n.F. ein vorgängiges Auskunftsersuchen an den Steuerpflichtigen erfolglos verlaufen oder nicht erfolgversprechend gewesen sein. Es muss also zumindest ein Indiz ersichtlich sein, dass steuerlich relevante Informationen vom Steuerpflichtigen nicht erklärt wurden. § 30a AO soll durch diese Maßnahmen nicht berührt werden[259]. Lässt sich der Steuerpflichtige dahingehend ein, dass er kein Depot besitzt, und hat die Finanzverwaltung keinen Anhaltspunkt, ihm zu misstrauen, so liegen nicht einmal die Voraussetzungen dafür vor, die Existenz von Depots überhaupt zu prüfen. Selbst wenn die Existenz solcher Depots durch die Finanzverwaltung über die BaFin identifiziert wird, so ist lediglich erkennbar, wer Inhaber ist und wann das Depot eröffnet wurde. Welche Transaktionen über dieses Depot abgewickelt wurden, ist für die Finanzverwaltung jedoch nicht erkennbar. Erklärt der Steuerpflichtige auf Nachfrage, es seien keine Transaktionen abgewickelt worden, sind die (neuen) Ermittlungsmöglichkeiten der Verwaltung am Ende. Es bleibt dann bei den bestehenden, die Verfassungswidrigkeit indizierenden Ermittlungsdefiziten[260].

Eine Änderung des „normativen Umfelds“ der Steuererhebung und Kontrolle ist frühestens zum 1. Januar 2004 eingetreten[261]. Der durch das Steueränderungsge-

---

[257] Jacob/Vieten, FR 2004, S. 482, 483.
[258] Gesetz über die Förderung der Steuerehrlichkeit vom 23.12.2003, BGBl. I 2003, S. 2928.
[259] Hey, DB 2004, S. 724, 727.
[260] Jacob/Vieten, FR 2004, S. 482, 483.
[261] Harenberg, Gestaltende Steuerberatung 4/2004, S. 116, 118.

setz 2003 (StÄndG 2003[262]) neu eingefügte § 24c EStG verpflichtet nunmehr Kreditinstitute und Finanzdienstleistungsinstitute, die nach § 45a EStG zur Ausstellung von Steuerbescheinigungen berechtigt sind, sowie Wertpapierhandelsunternehmen und Wertpapierhandelsbanken, dem Gläubiger der Kapitalerträge oder dem Hinterleger der Wertpapiere für alle bei ihnen geführten Wertpapierdepots und Konten eine zusammenfassende Jahressteuerbescheinigung nach amtlich vorgeschriebenem Muster auszustellen, die die für die Besteuerung nach §§ 20 und 23 Abs. 1 Satz 1 Nr. 2 bis 4 EStG erforderlichen Angaben enthält.

Nach der Gesetzesbegründung[263] dient die Vorschrift „der besseren Erfassung der Einkünfte aus Kapitalvermögen (§ 20 EStG) und aus privaten Veräußerungsgeschäften bei Wertpapieren und Termingeschäften (§ 23 Abs. 1 Satz 1 Nr. 2, 3 und 4 EStG)". Trotzdem resultiert daraus kein erhöhter Erklärungsdruck für den Steuerpflichtigen. Denn zum einen erhalten die Finanzbehörden von dieser Bescheinigung keine Kopie durch die Kreditinstitute. Zum anderen ist der Steuerpflichtige selbst nicht verpflichtet, dem Finanzamt diese Bescheinigung vorzulegen. § 150 Abs. 4 Satz 1 AO kennt zwar die Pflicht, Angaben in der Steuererklärung durch Beifügung von Belegen glaubhaft zu machen. Dies muss jedoch in den Einzelsteuergesetzen angeordnet sein. Eine solche Anordnung existierte jedoch weder im Jahre 1997, noch existiert sie heute nach Einführung des § 24c EStG. Der Steuerpflichtige ist also nicht gehalten, die Jahressteuerbescheinigung nach § 24c EStG der Steuererklärung beizufügen und damit die Existenz oder das Fehlen von Veräußerungsgewinnen glaubhaft zu machen. Er ist noch nicht einmal verpflichtet, die Bescheinigungen aufzubewahren[264]. Dies entspräche auch nicht dem Zweck der Jahresbescheinigung. Denn die Begründung führt weiter aus, dass „die in § 24c EStG geplante zusammengefasste Jahresbescheinigung ausschließlich als Hilfestellung für die Steuerpflichtigen bei der Ausfüllung der Steuererklärungsformulare gedacht [ist]. Mit der Regelung des § 24c EStG soll insoweit ein einheitlicher Standard für alle Steuerpflichtigen geschaffen werden, damit diese ihrer Erklärungspflicht rasch und einfach nachkommen können."[265]

Das Bundesverfassungsgericht hat in seinem Urteil vom 9. März 2004 einige Ansätze zur Verbesserung der Kontrollmöglichkeiten aufgezählt. Neben der ersatzlosen Streichung des § 30a AO sind dies die bereits erwähnten Aufbewahrungs- und Vorlagepflichten der Steuerpflichtigen, Berichtspflichten der Kredit-

---

262 Gesetz vom 15.12.2003, BGBl. I 2003, S. 2645.

263 BT-Drs. 15/1562, S. 33.

264 Harenberg, Gestaltende Steuerberatung 4/2004, S. 116, 118; v. Wedelstädt, DB 2004, S. 408; Jacob/Vieten, FR 2004, S. 482, 483.

265 BT-Drs. 15/1562, S. 33.

institute, Kontrollmitteilungen, Sammelauskunftsersuchen[266] oder eine Ausweitung der regelmäßigen Anordnung von Außenprüfungen auch bei Privatpersonen. Sämtliche der hier genannten Verifikationsmöglichkeiten – mit Ausnahme der Kopie der Jahressteuerbescheinigung an die Finanzbehörden – haben jedoch eines gemeinsam: sie erfordern einen hohen Ermittlungsaufwand der Finanzbehörden und sind daher extrem verwaltungsaufwändig und damit letztlich ineffizient[267]. Das strukturelle Vollzugsdefizit wird durch diese Maßnahmen jedenfalls nicht beseitigt, da der Finanzverwaltung letztlich hinsichtlich der Deklaration des Steuerpflichtigen weiterhin die Verifizierungsmöglichkeiten fehlen. Insgesamt hat sich das Erhebungsdefizit durch die Ausweitung des Anwendungsbereichs des § 23 Abs. 1 Satz 1 Nr. 2 EStG auf „andere Wirtschaftsgüter" eher noch verschärft[268]. Mit guten Argumenten kann daher von der Verfassungswidrigkeit auch des § 23 Abs. 1 Satz 1 Nr. 2 EStG i.d.F. des StEntlG 1999/2000/2002 ausgegangen werden.

Mit einer abschließenden Klärung, ob das Vollzugsdefizit auch nach 1998 fortbesteht, ist, insbesondere aufgrund der jüngsten Rechtsprechung der Untergerichte, zu rechnen; auch der IX. Senat des BFH ist bereits in einem Aussetzungsbeschluss vom 4. August 2003 auch für das Jahr 2000 von einem verfassungswidrigen Erhebungsdefizit ausgegangen[269].

Der Gesetzgeber muss, auch wenn das Bundesverfassungsgericht das Fortbestehen eines Vollzugsdefizits ab 1999 offen gelassen hat und keinen ausdrücklichen Handlungsauftrag ausgesprochen hat, die Besteuerung privater Veräußerungsgeschäfte grundlegend in verfassungskonformer Weise reformieren[270].

---

[266] Dazu i.E. v. Wedelstädt, DB 2004, S. 948.

[267] Jacob/Vieten, FR 2004, S. 482, 483.

[268] Kraft/Bäuml, FR 2004, S. 443, 444

[269] BFH, Beschl. v. 04.08.2003, IX B 45/03, BFH/NV 2004, S. 37; ebenso: FG Münster, Beschl. v. 25.06.2003, 4 V 6194/02 E (rkr.), EFG 2003, S. 1317 (zu AdV bei § 23 Abs. 1 Satz 1 Nr. 2 EStG für VZ 2000); FG Mecklenburg-Vorpommern, Beschl. v. 25.11.2002, 2 V 146/02 (rkr.), DStRE 2003, S. 616 (zu AdV bei § 23 Abs. 1 Satz 1 Nr. 2 EStG für VZ 1999); im Grunde zustimmend: FG Hamburg, Beschl. .v 24.01.2003, III 384/02 (rkr.), DStRE 2003, S. 617 (zu AdV bei § 23 Abs. 1 Satz 1 Nr. 2 EStG für VZ 2000); FG Niedersachsen, Beschl. v. 16.05.2003, 13 V 184/03 (Beschw. eingelegt, BFH, Az. IX B 89/03), EFG 2003, S. 1093 (zu AdV bei § 23 Abs. 1 Satz 1 Nr. 2 EStG für VZ 1999 und VZ 2000).

[270] So auch Hey, DB 2004, S. 724, 730.

IV. Fazit: Verfassungs- und Systemwidrigkeit des Status quo - Erfordernis einer Neukonzeption

Das deutsche System der synthetischen Einkommensbesteuerung ist, korrespondierend mit dem noch vorherrschenden weltweiten Verständnis, kapitalorientiert. Dem Konzept kapitalorientierter Besteuerung entspricht neben den Substanzsteuern vor allem die Ausgestaltung der Einkommensteuer nach der auf die Markteinkommenstheorie reduzierten und durch die Quellentheorie beschränkten Reinvermögenszugangstheorie.

Das gegenwärtige Einkommensteuerrecht hat sich allerdings vom ursprünglichen Leitbild des synthetischen Modells entfernt und ist mit zahlreichen Schedulenelementen durchsetzt („Hybridizität"). Während die privaten Veräußerungsgewinne in jenen Ländern, die eine Veräußerungsgewinnbesteuerung kennen, von Gesetzes wegen einer Sonderbehandlung durch Schedulenbesteuerung unterliegen, beruht die Sonderbehandlung von Veräußerungsgewinnen in Deutschland letztlich auf ihrer ursprünglichen Steuerfreiheit unter dem Einfluss der Quellentheorie als Ausnahme zur Reinvermögenszugangstheorie.

Dieses dem deutschen Einkommensteuergesetz immanente dualistische Prinzip der Einkünfteermittlung ist weder mit der Markteinkommenstheorie, noch mit dem Gleichheitssatz und dem daraus abgeleiteten Leistungsfähigkeitsprinzip zu vereinbaren.

Abhilfe kann hier nur eine gesetzliche Neuregelung bringen. Der Gesetzgeber ist gehalten, zumindest die Veräußerung von betrieblichem und privatem Erwerbsvermögen gleich zu behandeln. Dies entspricht der weit überwiegenden Meinung im Schrifttum.

Auch von Seiten der Rechtsprechung wird der Gesetzgeber in jüngster Zeit zum Handeln aufgefordert. Die Besteuerung privater Veräußerungsgeschäfte im Sinne des § 23 EStG ist zum Gegenstand der Rechtsprechung des Bundesverfassungsgerichts und des Bundesfinanzhofs geworden. Die Vorschrift des § 23 Abs. 1 Satz 1 Nr. 1 lit. b EStG 1997 wurde vom Bundesverfassungsgericht wegen des Verstoßes gegen das Gleichheitsgebot des Art. 3 Abs. 1 GG für verfassungswidrig und nichtig erklärt. Das Bundesverfassungsgericht sieht die Durchsetzung des Steueranspruchs wegen struktureller Vollzugsdefizite als weitgehend vereitelt an. Die Erhebung der Steuer hänge unmittelbar von der Erklärungsbereitschaft des Steuerpflichtigen ab, weshalb nur der Steuerehrliche zahle. Erklärungsunwillige Steuerpflichtige könnten der Besteuerung von Spekulationsgewinnen entgehen, ohne Sanktionen befürchten zu müssen.

Ausgehend von der dargestellten Argumentation des BFH in seinem Vorlagebeschluss vom 16 Juli 2002 war damit zu rechnen, dass das Bundesverfassungsgericht die Regelungen zur Besteuerung privater Wertpapierveräußerungsgeschäfte nach § 23 Abs. 1 Satz 1 Nr. 1 lit. b EStG 1997 für verfassungswidrig erklären würde. Überraschend war allerdings, dass das Bundesverfassungsgericht die Nichtigkeitsfolge nicht auch auf die in den Veranlagungszeiträumen 1999 folgende geltende Regelung des § 23 Abs. 1 Satz 1 Nr. 2 EStG erstreckte. Doch hat sich das normative Umfeld seitdem – trotz Einführung neuer Kontrollmechanismen – nicht entscheidend geändert, so dass weiterhin ein verfassungswidriges strukturelles Vollzugsdefizit besteht. Dieses hat sich durch die Ausweitung des Tatbestandes des § 23 Abs. 1 Satz 1 Nr. 2 EStG auf „andere Wirtschaftsgüter" eher noch verschärft. Legt man die in der Entscheidung des Bundesverfassungsgerichts vom 9. März 2004 aufgestellten Maßstäbe an, ist auch die derzeit geltende Vorschrift des § 23 Abs. 1 Satz 2 Nr. 2 EStG verfassungswidrig und wäre daher durch eine verfassungskonforme Neuregelung zu ersetzen.

Wie eine derartige gesetzliche Neuregelung aussehen könnte, wird im folgenden Abschnitt erläutert.

D. Neukonzeption in Gestalt einer generellen Pauschal-besteuerung privater Veräußerungsgeschäfte

Einer der im Hinblick auf eine Neuregelung der Besteuerung privater Veräußerungsgeschäfte dem Gesetzgeber zur Verfügung[271] stehenden Lösungsmöglichkeiten liegt das Pauschalsteuerkonzept des Entwurfs zum StVergAbG 2003[272] (StVergAbG-E) zu Grunde. Dessen Ziel war es, vor dem Hintergrund des Vorlagebeschlusses des BFH zum Bundesverfassungsgericht vom 16. Juli 2002, die darin gerügten Defizite zu beseitigen. So sollte etwa § 30a AO ersatzlos wegfallen[273]. Dass dies naheliegend wäre, wird nachstehend erläutert. In die durch den Vorlagebeschluss des BFH vom 16. Juli 2002 und das Urteil des Bundesverfassungsgerichts vom 9. März 2004 ausgelöste Diskussion wurde weiterhin der Vorschlag einer Abgeltungssteuer für Kapitalerträge nach österreichischem Vorbild eingebracht.

Auf beide Vorschläge ist im Folgenden einzugehen. Sowohl ein Pauschalsteuerkonzept als auch eine Abgeltungssteuer müssten allerdings den systematischen und verfassungsrechtlichen Vorgaben für eine gleichmäßige Besteuerung genügen.

---

[271] Vgl. u.a. Suhrbier-Hahn, DStR 2003, S. 354.
[272] BT-Drs. 15/119.
[273] V. Bornhaupt, BB 2003, S. 125, 126, 128; Bilsdorfer, NJW 2003, S. 2509.

I. Wiederauflage des Pauschalsteuerkonzepts des Entwurfs zum StVergAbG

Das erst im Vermittlungsausschuss verworfene Pauschalsteuerkonzept des StVergAbG-E sah neben der Einführung von Kontrollmitteilungsverfahren für Spekulationserträge eine pauschale Besteuerung der Einkünfte aus privaten Veräußerungsgeschäften unabhängig von etwaigen Behaltensfristen vor. Die Gründe, die für eine Wiederaufnahme dieses Konzepts sprechen, werden nachstehend erläutert. Das Konzept wird anschließend anhand der vorgenannten systematischen und gleichheitsrechtlichen Maßgaben überprüft.

1. Wahrscheinlichkeit der Wiederaufnahme des Pauschalsteuerkonzepts im Sinne des StVergAbG-E[274]

Der Rückgriff auf ein bereits „fertiges" Konzept ist naheliegend. Dass dieses Konzept nicht zur Seite gelegt wurde, zeigen unter anderem Presseberichte, wonach sowohl die SPD als auch die CDU in jüngster Zeit eine Wiederauflage des Pauschalsteuerkonzepts aus dem StVergAbG-E anstreben[275].

Die unter Verifizierungsgesichtspunkten „sicherste" Alternative in Gestalt einer Quellenbesteuerung schließt zumindest der BFH in seinem Vorlagebeschluss vom 16. Juli 2002 unter Hinweis unter anderem auf die bewusste Entscheidung des Gesetzgebers gegen eine Quellenbesteuerung von Zinseinkünften im Jahre 1991 aus[276]. Zwar biete – so der BFH - die Quellensteuer die wirksamste Form der gegenwartsnahen Steuererhebung, da sie bei der Auszahlung erhoben und dem Steuerpflichtigen als Vorauszahlung auf die Einkommensteuer angerechnet (§ 36 Abs. 4, § 48c Abs. 1 EStG[277]) wird; sie wirke sich deshalb strukturell gleichläufig aus. Doch führt der BFH weiter aus, dass „der Gesetzgeber das

---

[274] Regierungsentwurf zum StVergAbG vom 20.11.2003.

[275] So griff bereits ein geplanter Leitantrag (zur Agenda 2010) für den SPD-Bundesparteitag Mitte November 2003 das Pauschalsteuerkonzept des StVergAbG-E wieder auf; auch die CDU ist dem Konzept nicht abgeneigt; vgl. FAZ v. 16.09.2003, S. 13 „SPD hat Aktiengewinne und Erbschaften im Visier"und S. 14 „Die Aktiensteuer wird zum Déjà-vu" bzw. vom 29.09.2003, S. 11 „Auch die CDU will an Veräußerungsgewinne".

[276] Der BFH weist a.a.O. zu Recht darauf hin, dass der Gesetzgeber bereits 1991 nach dem Zinsurteil des BVerfG bei einem vergleichbaren Sachverhalt die Möglichkeit zur Einführung einer Quellenbesteuerung hatte und sich bewusst dagegen entschieden hat. Darüber hinaus–so der BFH-würde bei Wertpapierspekulationsgeschäften das Vollzugsdefizit durch die Ausweitung der Besteuerungsgrundlage (§ 23 Abs. 1 Satz 1 Nr. 2 EStG i.d.F. des StEntlG 1999/2000/2002) noch deutlich verschärft; dies räumt auch Suhrbier-Hahn, DStR 2003, S. 354, 355, 359 ein, die insgesamt eine Quellensteuer favorisiert.

[277] Vgl. dazu BVerfG, Beschl. v. 10.04.1997, 2 BvL 77/92, BVerfGE 96, S. 1, 7 f., BStBl. II 1997, S. 518, 519, unter B.II.1.; Ebling, DStR 2001, Beihefter zu Nr. 51/52, S. 1 f.

Zinsurteil des Bundesverfassungsgerichts gerade nicht zum Anlass genommen [hat], auch bei den Einkünften aus Spekulationsgeschäften eine Quellenbesteuerung einzuführen - dies unbeschadet der Frage, ob es bei der hier streitigen Norm, die Einkünfte aus einem Vermögenszuwachs der Steuer unterwirft, überhaupt einen Quellenabzug geben kann".

Daher ist nicht anzunehmen, dass der Gesetzgeber der erneuten, mit Urteil vom 9. März 2004 ausgesprochenen Empfehlung des Bundesverfassungsgerichts zur Einführung einer Quellensteuer auf Veräußerungseinkünfte „als der wirksamsten Erhebungsform" Folge leisten wird[278]. Zumal auch die sachliche Eignung eines Quellenabzugsverfahrens für private Veräußerungsgewinne zweifelhaft ist[279]. Selbst wenn – wie im Entwurf eines StVergAbG vorgesehen[280] – das derzeitige System einer nur partiellen Besteuerung von Veräußerungsgewinnen im Sinne einer umfassenden capital gains taxation ausgedehnt würde und es somit keiner Überprüfung mehr bedürfte, ob die Veräußerung innerhalb einer Spekulationsfrist stattfindet, dürfte es für die Depot führende Bank in vielen Fällen kaum möglich sein, den Veräußerungsgewinn als Unterschiedsbetrag zwischen dem Veräußerungspreis und den Anschaffungskosten zuzüglich der Werbungskosten (§ 23 Abs. 3 EStG) festzustellen, um von diesem einen Quellensteuerabzug vorzunehmen. Private Veräußerungsgewinne eignen sich daher nicht für ein Quellenabzugsverfahren[281].

Schließlich würde mit der Wiederaufnahme des Konzepts einer generellen und pauschalen steuerlichen Erfassung privater Veräußerungsgeschäfte im Veranlagungsverfahren ein seit Amtsantritt der rot-grünen Bundesregierung 1998 verfolgter Plan umgesetzt.

2. Insbesondere: Konsequenz einer planmäßigen Entwicklung

Für eine Neukonzeption in Gestalt der Wiederauflage einer generellen Pauschalbesteuerung spricht auch, dass damit konsequent die bisherige Entwicklung der Veräußerungsgewinnbesteuerung hin zu einer generellen Wertzuwachsbesteuerung fortgeführt würde. Denn in jüngerer Zeit ist eine zunehmende Tendenz zur steuerlichen Erfassung von Wertsteigerungen des Privatvermögens un-

---

[278] Kraft/Bäuml, FR 2004, S. 443, 444; Kraft/Bäuml, DB 2004, S. 615, 618;
[279] Hey, DB 2004, S. 724, 729; Suhrbier-Hahn, DStR 2003, S. 354, 357.
[280] §§ 23 Abs. 1, 32a Abs. 7 EStG i.d.F. des Entwurfs eines Gesetzes zum Abbau von Steuervergünstigungen vom 02.12.2002, BT-Drs. 15/119.
[281] Hey, DB 2004, S. 724, 729; so auch Suhrbier-Hahn, DStR 2003, S. 354, 359.

verkennbar[282]. Sie resultiert zum Teil aus fiskalischer Not oder ist die Folge von Ausweichreaktionen des Finanzmarkts mit dem Ziel der Steuervermeidung[283]. Die damit einhergehende Durchbrechung des dem geltenden Einkommensteuerrecht zu Grunde liegenden dualistischen Systems der Einkünfteermittlung im Bereich der privaten Veräußerungsgeschäfte ist keineswegs zufälliges Produkt gesetzgeberischer Bemühungen. Vielmehr handelt es sich um die planmäßige Folge eines gezielten Systemwechsels hin zu einer allgemeinen Wertzuwachsbesteuerung (capital-gains-Besteuerung) seit Amtsantritt der rot-grünen Bundesregierung 1998[284].

Besonders anschaulich ist diese Entwicklung im Bereich der Wertpapier- und Termingeschäfte zu verfolgen. Zu unterscheiden sind hierbei grundsätzlich zwei Phasen: zum einen die steuergesetzliche Entwicklung bis zum StEntlG 1999/2000/2002, zum anderen die Entwicklung ab dem StEntlG 1999/2000/2002.

a. Legislative Maßnahmen bis zum StEntlG 1999/2000/2002

Die legislativen Maßnahmen zur Besteuerung derivativer Finanzinstrumente bis zum StEntlG 1999/2000/2002 lassen sich durch zwei Merkmale charakterisieren. Ein Merkmal ist das Bemühen, mit der Entwicklung immer neuer derivativer Finanzinstrumente zwecks Vermeidung von Besteuerungslücken Schritt zu halten. Das zweite Merkmal ist eine zunehmend geringere Bedeutung der zivilrechtlichen Klassifizierung derartiger Instrumente für die Frage der steuerlichen Tatbestandsmäßigkeit.

Die Besteuerung privater Kapitalerträge und Finanzanlagen ist seit 1993 geprägt von Reaktionen und Gegenreaktionen.

Während der Gesetzgeber auf das Zinsurteil des Bundesverfassungsgerichts vom 27. Juni 1991[285] unter anderem mit der Einführung des Zinsabschlags auf bis dahin abschlagsfreie Zinserträge zum 1. Januar 1993 reagierte, reagierte der Kapitalmarkt auf das Zinsabschlaggesetz mit Anlageprodukten, deren Zinserträge in steuerfreie Kursgewinne umgestaltet wurden[286]. Dies führte dazu, dass der

[282] So auch Watrin/Lühn, DB 2003, S. 168; v. Bornhaupt, BB 2003, S. 125, 128; Wenglorz/Bäuml, BB 2003, S. 286, 289, 290.
[283] Tibo, DB 2001, S. 2369.
[284] Vgl. hierzu auch Wenglorz/Bäuml, BB 2003, S. 286, 290; Watrin/Lühn, DB 2003, S. 168.
[285] 2 BvR 1493/89, NJW 1991, S. 2129-2133; dazu: Risto/Julius, DB 2002, Beilage Nr. 4/2002, S. 1, 3 ff.
[286] BMF, Schr. v. 30.04.1993, IV B 4-S 2252-480/93, RIW 1993, S. 526; Häuselmann/Wiesenbart, RIW 1993, S. 751; Harenberg, NWB v. 20.08.2001, Fach 3, S. 11695.

Gesetzgeber 1994 mit dem Gesetz zur Bekämpfung des Missbrauchs und zur Bereinigung des Steuerrechts (StMBG) eine Besteuerung von Veräußerungsentgelten aus dem Verkauf sogenannter finanzinnovativer Wertpapiere (Kursdifferenzpapiere) in § 20 Abs. 2 Satz 1 Nr. 4 EStG einführte. Diese Besteuerung von Veräußerungsgewinnen galt unabhängig von bestimmten Zeitschranken und ließ bei Erzielung eines Veräußerungsverlusts den vollen Verlustausgleich zu, während § 23 Abs. 3 EStG heute nur einen horizontalen Verlustausgleich gestattet.

Erneut reagierte der Kapitalmarkt mit Produkten, deren Erträge nicht vom Tatbestand des § 20 EStG, insbesondere weder von § 20 Abs. 1 Nr. 7 Satz 1 EStG noch von § 20 Abs. 2 Satz 1 Nr. 4 EStG, erfasst wurden[287], und die nach der Rechtsprechung als Spiel- und Wettinstrumente nicht der Besteuerung unterlagen[288]. Dies geschah im Allgemeinen dadurch, dass die Produkte sowohl den laufenden oder einmaligen Ertrag als auch die Rückzahlung des Kapitals von einem ungewissen Ereignis abhängig machten. Die Anlageprodukte wurden zunehmend mit Optionselementen angereichert; aus der Besteuerung des § 20 EStG fielen sie häufig wegen Fehlens einer Kapitalforderung (keine Kapitalüberlassung auf Zeit) heraus.

Im Rahmen des § 23 EStG i.d.F. vor dem StEntlG waren die Erträge solcher Produktinnovationen zudem nicht steuerbar, weil entweder kein Leistungsaustausch vorlag oder die Geschäfte in sonstiger Weise, nicht aber durch Veräußerung eines Wirtschaftsguts an Dritte beendet wurden[289]. Es waren nur solche Veräußerungsvorgänge steuerpflichtig nach § 23 EStG, denen eine Übertragung des Eigentums im Wege einer (physischen) Lieferung von Wirtschaftsgütern zu Grunde lag[290] bzw. bei denen eine solche Lieferung zumindest möglich war[291]. Ein steuerpflichtiger Tatbestand im Sinne des § 23 EStG a.F. erforderte also grundsätzlich die Anschaffung und Veräußerung eines Wirtschaftsguts (Umsatzakt) innerhalb der Spekulationsfrist von sechs Monaten[292]. Kam es zu keiner Lieferung, weil das Geschäft lediglich auf die Differenz zwischen Börsen- und Marktpreisen eines bestimmten Basiswerts zu bestimmten Stichtagen gerichtet war (Differenzausgleich, z.B. bei Waren-, Wertpapier- und Devisentermingeschäften) oder der zu Grunde liegende Basiswert von seiner Natur her nicht lieferbar war (z.B. Aktienindex), war der Tatbestand des § 23 Abs. 1 Satz 1 Nr. 2

[287] Harenberg, FR 2002, S. 109.
[288] Harenberg, NWB v. 20.08.2001, Fach 3, S. 11695.
[289] Harenberg, FR 2002, S. 109; Hamacher, WM 2000, S. 1721.
[290] Geurts, DB 2002, S. 110; BFH, Urt. v. 25.08.1987, IX R 65/86, BStBl. II 1988, S. 248 f.
[291] Blümich-Glenk, EStG, § 23 Rn. 52.
[292] Blümich-Glenk, EStG, § 23 Rn. 45; BFH, Urt. v. 08.12.1981, VIII R 125/79, BStBl. II 1982, S. 618; Harenberg, FR 2002, S. 109; van Bebber, DStR 1999, S. 1756.

EStG nicht erfüllt[293]. Zu den steuerlich nicht erfassten Produktinnovationen gehörten z.B. Futures- und Swapgeschäfte, Indexzertifikate und die Ausübung von Indexoptionen[294].

Die steuerliche Nichterfassung wurde vom Gesetzgeber als nicht sachgerecht angesehen. Als Konsequenz wurde im StEntlG 1999/2000/2002 die Steuerschlinge erneut angezogen und in § 23 Abs. 1 Satz 1 Nr. 4 EStG die Besteuerung von Gewinnen aus Termingeschäften und Erträgen aus Optionsgeschäften im Rahmen der privaten Veräußerungsgeschäfte eingeführt[295].

b. Änderungen durch das StEntlG 1999/2000/2002

Durch das StEntlG 1999/2000/2002 hat § 23 EStG eine neue Struktur erhalten. Äußerlich wird dies dadurch deutlich, dass die Überschrift der Vorschrift von „Spekulationsgeschäfte“ in „private Veräußerungsgeschäfte“ geändert wurde. Durch den Verzicht auf den Begriff „Spekulationsgeschäft“ im neu gefassten § 23 Abs. 1 EStG sollte zum Ausdruck gebracht werden, dass nicht nur Geschäfte mit Spekulationsabsicht der Besteuerung unterliegen, sondern allgemein Veräußerungsgeschäfte, bei denen das Tatbestandsmerkmal der Veräußerung innerhalb einer bestimmten Frist nach der Anschaffung erfüllt ist, und bestimmte, zeitlich abgesteckte Termingeschäfte[296].

Unabhängig davon ist der neu gefasste Tatbestand jedoch klarer als bisher dadurch gekennzeichnet, dass die einzelnen steuerbaren Vorgänge in tatsächliche Veräußerungsgeschäfte (Abs. 1 Satz 1 Nr. 1 bis 3) und solche Geschäfte unterteilt werden, die an sich keine Veräußerungsgeschäfte sind (Absatz 1 Satz 1 Nr. 4), sondern, wie es der Wortlaut der Vorschrift dann auch deutlich sagt, auf Beendigung von Rechten gerichtete Vorgänge (Beendigungstatbestand)[297].

Das Steuerentlastungsgesetz 1999/2000/2002 hat den Katalog der steuerpflichtigen privaten Veräußerungsgeschäfte erweitert. Die wesentlichste Änderung hat § 23 EStG durch die Schaffung einer neuen Ziffer 4 in seinem Absatz 1 erfahren. In Ziffer 4 aufgenommen wurden Termingeschäfte, durch die der Steuerpflichtige einen Differenzausgleich oder einen durch den Wert einer veränderlichen Bezugsgröße bestimmten Geldbetrag oder Vorteil erlangt, sofern der Zeit-

---

[293] Geurts, DB 2002, S. 110; Wendt, FR 1999, S. 333, 351; Delp, INF 1999, S. 584; van Bebber, DStR 1999, S. 1756.

[294] Harenberg, FR 2002, S. 109; Hamacher, WM 2000, S. 1721.

[295] Harenberg, NWB v. 20.08.2001, Fach 3, S. 11695; Harenberg, FR 2002, S. 109.

[296] Vgl. BT-Drs. 14/443 v. 03.03.1999, II. Einzelbegründung, zu Art.1, zu Nr. 31, § 23 EStG; Delp, INF 1999, S. 584, 585.

[297] Hamacher, WM 2000, S. 1721; Delp, INF 1999, S. 331.

raum zwischen Erwerb und Beendigung des Rechts auf einen Differenzausgleich, Geldbetrag oder Vorteil nicht mehr als ein Jahr beträgt, § 23 Abs. 1 Satz 1 Nr. 4 EStG. Gewinn oder Verlust aus einem Termingeschäft ist der Differenzausgleich oder der durch den Wert einer veränderlichen Bezugsgröße bestimmte Geldbetrag oder Vorteil abzüglich der Werbungskosten, § 23 Abs. 3 Satz 4 EStG. Die Kodifizierung sollte Differenzgeschäfte erfassen, die nach bisheriger Rechtslage nicht steuerbar waren[298].

Entscheidend ist dabei die vom Gesetzgeber zwingend vorgegebene Subsumtion der derivativen Finanzinstrumente unter den neu aufgenommenen steuerrechtlichen Termingeschäftsbegriff[299]. Noch der Entwurf der Fraktionen von SPD und Bündnis 90/Die Grünen zum StEntlG hielt an der bürgerlich-rechtlichen Terminologie fest und sah vor, (auch bis dato nicht steuerbare) Differenzgeschäfte im Sinne des ehemaligen § 764 BGB einer generellen Besteuerung zu unterziehen[300]. Der Finanzausschuss des Deutschen Bundestages formulierte jedoch § 23 EStG völlig neu und überdachte hierbei auch die Besteuerung von Differenzgeschäften[301].

Aus dem dritten Bericht des Finanzausschusses geht ausdrücklich hervor, dass der „zivilrechtlich problematische" Begriff des Differenzgeschäftes im Sinne des ehemaligen § 764 BGB durch den in § 2 Wertpapierhandelsgesetz[302] (WpHG) und § 2 Kreditwesengesetz[303] (KWG) definierten Begriff des Termingeschäfts ersetzt werden sollte (§ 23 Abs. 1 Satz 1 Nr. 4 EStG)[304]. Zugleich wurde damit klargestellt, dass auch die vom Differenzeinwand ausgeschlossenen

298 Vgl. BT-Drs. 14/23 v. 09.11.1998, II. Besonderer Teil, zu Art. 1, zu Nr. 27, § 23 EStG; Hamacher, WM 2000, S. 1721.

299 Vgl. BT-Drs. 14/443 v. 03.03.1999 (Dritter Bericht des Finanzausschusses), II. Einzelbegründung, zu Art. 1, zu Nr. 31, § 23 EStG; Delp, INF 1999, S. 584.

300 BT-Drs. 14/23 v. 09.11.1998, II. Besonderer Teil, zu Art. 1, zu Nr. 27, § 23 EStG; Hamacher, WM 2000, S. 1721.

301 Vgl. BT-Drs. 14/442 v. 02.03.1999 (Dritte Beschlussempfehlung des Finanzausschusses), zu Art. 1, zu Nr. 31, § 23 EStG

302 I.d.F. der Bekanntmachung v. 09.09.1998, BGBl. I 1998, S. 2708.

303 I.d.F. der Bekanntmachung v. 09.09.1998, BGBl. I 1998, S. 2776.

304 Vgl. BT-Drs. 14/443 v. 03.03.1999 (Dritter Bericht des Finanzausschusses), II. Einzelbegründung, zu Art. 1, zu Nr. 31, § 23 EStG; Tibo, DB 2001, S. 2369, 2370; kritisch hierzu: Harenberg, FR 2002, S. 109, 110: Harenberg sieht es an a.a.O. durch die in anderen Rechtsgebieten erfolgte Vorprägung des Begriffs „Termingeschäft" zu Abgrenzungsproblemen im Besteuerungsverfahren kommen.

Börsentermingeschäfte (§§ 50 ff. BörsG) private Veräußerungsgeschäfte sein können[305].

Der steuerrechtliche Begriff des Termingeschäfts steht demnach ausdrücklich nicht in Zusammenhang mit seiner bürgerlich-rechtlichen Qualifikation als Spiel- und Differenzgeschäft. Stattdessen legt der Steuergesetzgeber das WpHG bzw. das KWG zu Grunde[306]. Zwar sind auch das WpHG und das KWG dem Zivilrecht zuzuordnen, weshalb sie wegen der unterschiedlichen Zielsetzung von Zivil- und Steuerrecht für die steuerrechtliche Definition des Termingeschäftsbegriffs unbrauchbar erscheinen[307], doch bringt der Rückgriff auf diese Vorschrift den Gesetzgeber einer umfassenden Kursgewinnbesteuerung einen erheblichen Schritt näher[308].

Statt einer näheren Erläuterung des Begriffs „Termingeschäft" findet sich nämlich in den in bezug genommenen § 2 WpHG bzw. § 1 KWG lediglich eine Aufzählung verschiedener „Derivate", die die am Markt gegenwärtig angebotenen Finanzinnovationen erfasst[309].

Gemäß § 2 Abs. 2 Nr. 1 WpHG sind Derivate als Fest- oder Optionsgeschäfte ausgestaltete Termingeschäfte, deren Preis unmittelbar oder mittelbar von dem Börsen- oder Marktpreis von Wertpapieren, Geldmarktinstrumenten, Waren oder Edelmetallen oder von Zinssätzen oder von anderen Erträgen (als Zinssätze) abhängt[310]. Abs. 2 Nr. 2 WpHG erfasst als Derivate Devisentermingeschäfte, die an einem organisierten Markt gehandelt werden (Devisen-Futuregeschäfte, Devisen-Optionsgeschäfte, Währungs-Swapgeschäfte, Devisen-Swapoptionsgeschäfte und Devisen-Futureoptionsgeschäfte). § 2 Abs. 2 WpHG umfasst dabei grundsätzlich nicht nur Geschäfte am regulierten Börsenmarkt, sondern auch außerbörsliche Vereinbarungen, sogenannte Over-the-counter(OTC)-Geschäfte. Voraussetzung ist, dass die Wertpapiere fungibel sind[311]. Damit wird dem Um-

---

305 Jacobs-Soyka, in: Littmann/Bitz/Pust, Einkommensteuerrecht, § 23 Rn. 37a; Blümich-Glenk, EStG, § 23 Rn. 52; Wendt, FR 1999, S. 333, 351; Hamacher, WM 2000, S. 1721; Wenglorz/Bäuml, BB 2003, S. 286, 289.

306 Wenglorz/Bäuml, BB 2003, S. 286, 289.

307 Vgl. BT-Drs. 14/443 v. 03.03.1999 (Dritter Bericht des Finanzausschusses), II. Einzelbegründung, zu Art. 1, zu Nr. 31, § 23 EStG; Tibo, DB 2001, S. 2369, 2370; kritisch hierzu: Harenberg, FR 2002, S. 109, 110: Harenberg sieht es an a.a.O. durch die in anderen Rechtsgebieten erfolgte Vorprägung des Begriffs „Termingeschäft" zu Abgrenzungsproblemen im Besteuerungsverfahren kommen.

308 Wenglorz/Bäuml, BB 2003, S. 286, 289.

309 Blümich-Glenk, EStG, § 23 Rn. 52, 53.

310 So auch: Blümich-Glenk, EStG, § 23 Rn. 52.

311 Vgl. Gesetzesentwurf der Bundesregierung, BT-Drs. 13/7142 (auch BR-Drs. 963/96), S. 100, zu Nr. 3, § 2.

stand Rechnung getragen, dass die an OTC-Märkten gehandelten Volumina bedeutend größer sind, als die über Terminbörsen gehandelten[312].

Die neue Fassung des § 2 Abs. 2 WpHG verzichtet auf eine allgemeine Definition des Derivatebegriffs, wie sie in der alten Fassung der Vorschrift enthalten war. Derivate wurden dort umschrieben als „Rechte, deren Börsen- oder Marktpreis unmittelbar oder mittelbar von der Entwicklung des Börsen- oder Marktpreises von Wertpapieren oder ausländischen Zahlungsmitteln oder der Veränderung von Zinssätzen abhängt". Dies sind etwa Optionen auf einen Aktienindex oder den Bund-Future als eine synthetische Anleihe.

Der Verzicht auf eine Definition an dieser Stelle hat seinen Grund darin, dass weder die Rechtsprechung noch Literatur in den vergangenen Jahrzehnten vermochten, eine Definition zu entwickeln, die allen Erscheinungsformen der Termingeschäfte gerecht wird[313]. Der Mangel an einer klaren Definition wird auch durch das Bundesfinanzministerium nicht behoben. Der im Schreiben des BMF vom 27. November 2001[314] enthaltene Katalog steuerlich erfasster Termingeschäfte ist, obwohl nicht als beispielhaft bezeichnet, nicht als abschließend zu werten[315]. Auch er lehnt sich – allerdings ohne die Vorschrift zu benennen – an § 2 WpHG an[316]. Durch die Inbezugnahme dieses nicht abschließenden Katalogs aktuell gängiger Erscheinungsformen von Derivaten „dynamisiert" der Gesetzgeber den Tatbestand des § 23 Abs. 1 Satz 1 Nr. 4 EStG[317].

Dies hat aus fiskalischer Sicht den wünschenswerten Nebeneffekt, auch Gewinne weiterer innovativer Anlageformen mittels des weiten Derivatebegriffs im WpHG steuerlich als Termingeschäfte erfassen zu können, obwohl diese Gewinne als Wertzuwächse im Stammvermögen nach der grundsätzlich geltenden Quellentheorie nicht steuerbar sind. Damit verschiebt sich die Gewichtung der beiden Einkommenstheorien zu Lasten der Quellentheorie und zu Gunsten der Reinvermögenszugangstheorie[318].

Der Finanzausschuss hat die Norm nicht nur erweitert, sondern zugleich auch eingeschränkt. Im Gegensatz zum Gesetzentwurf der Regierungskoalition (siehe oben) hat er auch bei Termingeschäften eine zeitliche Dimension aufgenom-

[312] Maulshagen/Maulshagen, BB 2000, S. 243.
[313] Tibo, DB 2001, S. 2369, 2370; grundlegend hierzu: Kümpel, WM 1982, Sonderbeilage Nr. 6/1982, S. 1, 5 ff.
[314] BMF, Schr. v. 27.11.2001, IV C 3-S 2256-265/01, BStBl. I 2001, S. 986 Tz. 1.
[315] Kirnberger, EStB 2002, S. 66, 67.
[316] Harenberg, FR 2002, S. 109, 110.
[317] Wenglorz/Bäuml, BB 2003, S. 286, 289.
[318] Wenglorz/Bäuml, BB 2003, S. 286, 289.

men[319]. Nach den Argumenten des Finanzausschusses soll auch bei Termingeschäften – parallel zur Veräußerung von Wertpapieren (§ 23 Abs. 1 Satz 1 Nr. 2 EStG) – eine Befristung von einem Jahr gelten. Andernfalls wäre außerhalb der Jahresfrist die Veräußerung des Wertpapiers, z.B. eines Indexzertifikats, nach Absatz 1 Satz 1 Nr. 2 steuerfrei, dagegen der dem Scheininhaber bei Endfälligkeit gezahlte Geldbetrag steuerpflichtig[320].

3. Fazit

Festzuhalten ist, dass der Tatbestand des § 23 Abs. 1 EStG mit dem ersten großen Steuerreformprojekt der rot-grünen Bundesregierung, dem StEntlG 1999/2000/2002, in der Perspektive einer umfassenden Kursgewinnbesteuerung neu strukturiert und erweitert wurde. Die Steuerbarkeit wurde auf die privaten Termingeschäfte (§ 23 Abs. 1 Satz 1 Nr. 4 EStG) ausgedehnt, die nach dem Verständnis der Quellentheorie bisher dem nicht steuerbaren Bereich zugeordnet wurden.

Im Ergebnis ist eine Tendenz zur steuerlichen Erfassung von Wertsteigerungen des Privatvermögens unverkennbar. Die damit einhergehende Durchbrechung des dem geltenden Einkommensteuerrecht zu Grunde liegenden dualistischen Systems der Einkünfteermittlung ist die planmäßige Folge eines seit Amtsantritt der rot-grünen Bundesregierung 1998 betriebenen gezielten Systemwechsels hin zu einer allgemeinen Wertzuwachsbesteuerung (capital-gains-Besteuerung)[321].

Das Bundesverfassungsgericht hat mit Urteil vom 9. März 2004 - der Argumentationslinie des Vorlagebeschlusses des BFH und des Zinssteuerurteils von 1991 folgend - § 23 Abs. 1 Satz 1 Nr. 1 lit. b EStG 1997 für verfassungswidrig und nichtig erklärt. Mit guten Argumenten kann auch von der Verfassungswidrigkeit des § 23 Abs. 1 Satz 1 Nr. 2 EStG i.d.F. des StEntlG 1999/2000/2002 ausgegangen werden.

Der Gesetzgeber muss, auch wenn das Bundesverfassungsgericht das Fortbestehen eines Vollzugsdefizits ab 1999 offen gelassen hat und keinen ausdrücklichen Handlungsauftrag ausgesprochen hat, die Besteuerung privater Veräußerungsgeschäfte grundlegend in verfassungskonformer Weise reformieren[322].

Der Rückgriff auf ein bereits „fertiges“ Konzept ist naheliegend. Die unter Verifizierungsgesichtspunkten sicherste Alternative in Gestalt einer Quellenbesteue-

---

[319] Delp, INF 1999, S.584, 585.
[320] Vgl. BT-Drs. 14/443 v. 03.03.1999, II. Einzelbegründung, zu Art. 1, zu Nr. 31, § 23 EStG.
[321] Vgl. hierzu auch Wenglorz/Bäuml, BB 2003, S. 286, 290; Watrin/Lühn, DB 2003, S. 168.
[322] So auch Hey, DB 2004, S. 724, 730.

rung schließt der BFH in seinem Vorlagebeschluss vom 16. Juli 2002 unter Hinweis unter anderem auf die bewusste Entscheidung des Gesetzgebers gegen eine Quellenbesteuerung von Zinseinkünften im Jahre 1991 selbst aus. Daher ist nicht anzunehmen, dass der Gesetzgeber der erneuten Empfehlung des Bundesverfassungsgerichts mit Urteil vom 9. März 2004 zur Einführung einer Quellensteuer auf private Veräußerungseinkünfte Folge leistet[323]. Schließlich würde mit der Wiederaufnahme des Konzepts einer generellen und pauschalen steuerlichen Erfassung privater Veräußerungsgeschäfte eine seit Amtsantritt der rot-grünen Bundesregierung 1998 planmäßig vorangetriebene Entwicklung fortgesetzt.

Aus den vorgenannten Gründen besteht eine gewisse Wahrscheinlichkeit, dass der Gesetzgeber den gezielten Systemwechsel vorantreiben und auf das Pauschalsteuerkonzept des StVergAbG-E zurückgreifen wird. Dieses sieht den Wegfall der Haltefristen vor, nach deren Ablauf eine steuerfreie Veräußerung möglich ist, zugunsten einer generellen, d.h. zeitlich unbeschränkten Besteuerung privater Veräußerungsgeschäfte mit einem pauschalen Steuersatz. Die Neukonzeption wird sich nicht auf die Wertpapier-Veräußerungsgeschäfte beschränken, sondern auch die Grundstücksgeschäfte und die Termingeschäfte im Sinne des § 23 Abs. 1 Satz 1 Nr. 1 und Nr. 4 EStG umfassen (sogenannte „Paketlösung“ [324]). Des weiteren ist von einer ersatzlosen Streichung des § 30a AO als der „Wurzel allen Übels“ auszugehen. Diese Maßnahme ist unabdingbare Voraussetzung für die Behebung des strukturellen Vollzugsdefizits.

II. Bewertung der Neukonzeption

Auch eine Neukonzeption auf Grundlage des schon ausgearbeiteten Entwurfs zum StVergAbG muss sich an den eingangs erläuterten verfassungsrechtlichen und systematischen Vorgaben messen lassen und sich in das System der kapitalorientierten Einkommensbesteuerung einfügen.

1. Systematische und verfassungsrechtliche Bewertung

Im Folgenden wird die beschriebene Neukonzeption insbesondere nach Maßgabe der vorstehend erläuterten Kriterien des Verfassungsrechts und der Systema-

---

323 Kraft/Bäuml, FR 2004, S. 443, 444.

324 Die Neuordnung der Besteuerung privater Veräußerungsgeschäfte wurde in der jüngeren Vergangenheit immer nur „im Paket“ unter Einbeziehung auch der Grundstücksveräußerungsgeschäfte diskutiert. Bei den privaten Wertpapierveräußerungsgeschäften und den Termingeschäften ist – wie beim StEntlG 1999/2000/2002 ohnehin eine Gleichlauf geboten; vgl. dazu auch Wenglorz/Bäuml, BB 2003, S. 286, 289.

tik überprüft. Hierbei wird unter anderem auf die Ausführungen des Bundesverfassungsgericht in seinem Urteil vom 9. März 2004 und des BFH in seinem Vorlagebeschluss vom 16. Juli 2002 sowie den daraus resultierenden gesetzgeberischen Handlungsbedarf eingegangen.

a. Aspekt des Einkünftedualismus

Die generelle steuerliche Erfassung privater Veräußerungsgewinne durch einen Wegfall der Spekulationsfristen im Zuge einer Neukonzeption erweitert den bisher schon bestehenden Verstoß gegen den Grundsatz des § 2 Abs. 2 Nr. 2 EStG. Denn es würden nicht mehr nur Gewinne mit Spekulationscharakter, sondern nunmehr alle Gewinne aus der Veräußerung privater Wirtschaftsgüter erfasst[325]. Durch die Annäherung an die Besteuerung betrieblicher Veräußerungsgeschäfte (§ 17 EStG) würde das dualistische Prinzip der Einkünfteermittlung – wonach Wertveränderungen bei zur Erzielung von Überschusseinkünften eingesetzten Wirtschaftsgütern einkommensteuerlich grundsätzlich außer Betracht bleiben müssen - durchbrochen in Richtung einer capital-gains-Besteuerung[326].

Dies wäre im Hinblick auf den Gleichheitssatz des Art. 3 Abs. 1 GG zu begrüßen[327]. Denn die umfassendere Besteuerung von Veräußerungsgewinnen lässt sich als Schritt in Richtung der synthetischen Einkommensteuer begreifen[328], deren Systematik wieder erkennbar würde. Die Abschwächung des Einkünftedualismus durch die Einbeziehung des privaten Erwerbsvermögens in die Veräußerungsgewinnbesteuerung ist somit als ein systematisch konsequenter Schritt zu mehr Gleichmäßigkeit der Besteuerung anzusehen[329].
Die Abschwächung des Einkünftedualismus ist aus systematischen Gründen nicht nur begrüßenswert, sondern im Falle des Wegfalls der Spekulationsfristen auch geboten.
Akzeptiert man den Grundgedanken des Dualismus der Einkünfteermittlung in § 2 Abs. 2 EStG, dann ist es sinnvoll, im Bereich der Überschusseinkünfte grundsätzlich nur Quelleneinkommen für steuerbar zu erklären. Die davon in § 23 EStG gemachte Ausnahme kann – so *Crezelius*[330] – nur deshalb toleriert

---

[325] V. Bornhaupt, BB 2003, S. 125, 128.
[326] Prinz/Ommerborn, FR 2001, S. 977, 981.
[327] Jacobs/Schreiber/Spengel/Gutekunst/Lammersen, DB 2003, S. 519, 522.
[328] Jacobs/Schreiber/Spengel/Gutekunst/Lammersen, DB 2003, S. 519, 523, 525.
[329] Ausführlich dazu Jachmann, DStJG Bd. 23 (2000), S. 9, 48, 49; vgl. auch Watrin/Lühn, DB 2003, S. 168 m.w.N., die a.a.O. schreiben: „Solange keine Einigkeit über die Definition von Einkommen besteht und der Gesetzgeber dem ESt-Recht keine allgemeine Begriffsbestimmung von Einkommen zu Grunde legt, ist es jedenfalls nicht möglich, mit dem Argument der Steuersystematik eine Besteuerung privater Veräußerungsgeschäfte zu verlangen".
[330] Crezelius, in: Kirchhof/Söhn, EStG, § 23 Rn. A 85.

werden, weil es sich insofern um eine Durchbrechung des Quellenprinzips und eine Anwendung des Reinvermögenszugangsprinzips innerhalb relativ kurzer Fristen handelt. Daraus folgt, dass im Falle der Verlängerung oder des gänzlichen Wegfalls dieser Fristen die Durchbrechung des Quellenprinzips und eine Anwendung des Reinvermögenszugangsprinzips nach dem Grundgedanken der dualistischen Einkünfteermittlung nicht tolerierbar ist. Will man die privaten Veräußerungsgeschäfte generell steuerlich erfassen, muss in der Konsequenz das entgegenstehende System der dualistischen Einkünfteermittlung aufgegeben werden.

Zwar handelt es sich auch bei der im Gesetzesentwurf zum StVergAbG vorgesehenen Veräußerungsgewinnbesteuerung nur um eine punktuelle Durchbrechung des Einkünftedualismus. Trotzdem gibt dies Anlass, die dualistische Konzeption des Einkommensteuergesetzes in Frage zu stellen[331].

Eine Zuwendung (besser: Rückwendung) zum synthetischen System der Kapitaleinkommensbesteuerung würde die Schaffung eines dem Betriebsvermögen gleichwertigen Arbeits-, Berufs- oder Einkünfteerzielungsvermögens mit einem Vermögensvergleich erforderlich machen[332]. Dementsprechend hätte der Gesetzentwurf zumindest Werbungskosten in gleichem Umfang wie Betriebsausgaben zum Abzug zulassen müssen (z.B. Teilwertabschreibungen)[333]. Doch lässt der Gesetzgeber nicht nur hier einen Mangel an Konsequenz erkennen[334].

Ein Mangel an Konsequenz ist auch im Hinblick auf den Gleichheitssatz des Art. 3 Abs. 1 GG festzustellen. Auch hier wäre ein Neukonzeption unter Gleichheitsgesichtspunkten letztendlich nur dann systematisch konsequent, wenn der Gesetzentwurf die zur Erzielung von Überschusseinkünften eingesetzten Wirtschaftsgüter auch sonst denen bei Gewinneinkünften dadurch gleichsetzen würde, dass er das duale System der Einkünfteermittlung gänzlich aufhebt. Auch dazu hätte ein dem Betriebsvermögen gleichwertiges Arbeits-, Berufs- oder Ein-

---

[331] Vgl. dazu auch Kanzler, FR 2000, S. 1245, 1248, der a.a.O. schreibt, dass die prinzipielle Aufgabe des Einkünftedualismus durch das Pauschalsteuerkonzept der Bundesregierung (StVergAbG-E) eine Sogwirkung zeigen könnte, die dazu zwingt, die Grundlagen der Veräußerungsgewinnbesteuerung zu überdenken und den bunten Flickenteppich einschlägiger Normen durch ein schlüssiges Gesamtkonzept zur Besteuerung betrieblicher und privater Veräußerungsgeschäfte zu ersetzen.

[332] Ähnlich Watrin/Lühn, DB 2003, S. 168; Crezelius, in: Kirchhof/Söhn, EStG, § 23 Rn. A 87.

[333] Von Bornhaupt, BB 2003, S. 125, 128.

[334] Vgl. hierzu die Stellungnahme des Bundesrates zum Entwurf StVergAbG, BT-Drs. 15/287, Anlage 2, S. 8: hier wird dem Gesetzgeber vorgeworfen, statt praktikable Lösungen vorzulegen, lediglich „Symptome zu kurieren".

kunftserzielungsvermögen geschaffen werden müssen, so wie es in der Literatur[335] schon seit langem diskutiert wird.

Die Forderung nach der steuerlichen Gleichbehandlung zumindest betrieblicher und privater Veräußerungsgeschäfte ist aufgrund der erheblichen Belastungsunterschiede begründet, zu der die gegenwärtig unterschiedlichen Erfassungsgrade betrieblicher und privater Veräußerungen führen. Zwischen privaten und betrieblichen Veräußerungsgewinnen besteht wertungsmäßig kein Unterschied. Ihnen liegt wirtschaftlich und rechtlich jeweils der gleiche Vorgang zugrunde; in beiden Fällen erhöht sich durch eine Marktteilnahme die Leistungsfähigkeit des Steuerpflichtigen[336]. Auch sind außerhalb von Veräußerungsgewinnen sonstige auf die Erzielung von Einkünften gerichtete einmalige Tätigkeiten im privaten Bereich grundsätzlich nach § 22 Nr. 3 EStG steuerbar. Diese Steuerbarkeit ist unter Leistungsfähigkeitsgesichtspunkten auch geboten.

Praktikabilitätserwägungen rechtfertigen zwar, in Fällen geringer Bedeutung – gegebenenfalls in typisierender Form – von einer Erfassung von Veräußerungsgewinnen in Privatvermögen abzusehen. Wenn Gewinne aus der Veräußerung von Grundstücken im Privatvermögen nur in den Grenzen des § 23 EStG erfasst werden, ist aber ein sachlicher Grund für die steuerliche Privilegierung gegenüber sonstigen, steuerpflichtigen Erwerbshandlungen nicht ohne weiteres erkennbar[337]. Entsprechendes gilt grundsätzlich auch für die Veräußerung von Anteilen an Kapitalgesellschaften außerhalb der §§ 17, 23 EStG und des § 21 UmwStG.
Steht hinter dem Leistungsfähigkeitsprinzip das allgemein akzeptierte Werturteil, Individuen in Abhängigkeit von der Höhe des erzielten Einkommens zu besteuern, muss man dieses Einkommen auch umfassend im Sinne eines Reinvermögenszugangs ermitteln[338]. Bleibt eine umfassende steuerliche Gleichstellung betrieblicher und privater Veräußerungsgeschäfte aus, ist das Erfordernis einer gleichmäßigen Besteuerung nicht erfüllt. Die Umsetzung des Konzepts der generellen Besteuerung privater Veräußerungsgeschäfte im Sinne des StVergAbG-E, ohne zugleich eine Gleichstellung mit betrieblichen Veräußerungsgeschäften vorzunehmen, bliebe lediglich ein erster Schritt in Richtung einer verfassungskonformen gleichmäßigen Besteuerung.

---

[335] Vgl. u.a. Tipke/Lang, Steuerrecht, 17. Aufl. Köln 2002, § 9 Rn. 254; v. Bornhaupt, BB 2003, S. 125, 128 m.w.N.
[336] Jäschke, in: Lademann, Kommentar zum EStG, § 2 Rn. 58.
[337] Jäschke, in: Lademann, Kommentar zum EStG, § 2 Rn. 58.
[338] Jäschke, in: Lademann, Kommentar zum EStG, § 2 Rn. 58.

b. Aspekt des strukturellen Vollzugsdefizits

Wenn Art. 3 Abs. 1 GG dem Vorhaben einer Wertzuwachssteuer nicht etwa per se entgegensteht, so entfaltet er doch wichtige Maßgaben. Denn auch eine generelle Besteuerung von Wertpapier-Veräußerungsgeschäften wäre verfassungswidrig, soweit diese nahezu allein von der Deklarierungsbereitschaft ehrlicher Steuerpflichtiger abhinge und ihre gleichmäßige Durchsetzung – mangels effektiver Kontrollmöglichkeiten – nicht gewährleistet wäre[339]. Unverzichtbar ist daher eine flankierende Lockerung des Bankgeheimnisses[340].

Der Gesetzgeber hatte auf diese Gegebenheiten bereits reagiert[341]. Der zuletzt gescheiterte Entwurf zum StVergAbG sah als flankierende Maßnahme neben der Einführung einer generellen Pauschalbesteuerung privater Veräußerungsgeschäfte unter anderem die ersatzlose Streichung des § 30a AO vor[342], was die politische Durchsetzbarkeit des Vorhabens aber sicher zusätzlich erschwert hat[343]. Zusätzlich sollten in den neuen §§ 23a und 24b EStG umfassende Mitteilungspflichten der Banken aufgenommen werden[344]. Bereits der am 24. Juli 2003 veröffentlichte Referentenentwurf des StÄndG 2003 nahm den Gedanken in einem neuen § 24b EStG auf, der „zur Erleichterung der Steuererklärung von Kapitalanlegern“ die jährliche Ausstellung einer zusammenfassenden Bescheinigung der inländischen Kreditinstitute vorsieht. Darin werden sowohl die erzielten Einkünfte aus Kapitalvermögen wie auch aus privaten Veräußerungsgeschäften erfasst, also insbesondere die Anschaffungs- und Veräußerungsvorgänge[345]. Auch sollten nach dem StVergAbG-E Banken und andere Finanzdienstleistungsunternehmen nach einer Erweiterung des § 45d EStG die Höhe aller Kapitalerträge ihrer Kunden dem Aufsichtsamt mitteilen. Beim Bundesamt für

---

339 Siehe dazu auch den Vorlagebeschluss des BFH v. 16.07.2002, IX R 62/99, in dem § 23 Abs. 1 Satz 1 lit. b EStG aus eben diesem Grund für verfassungswidrig erachtet wird. Ein ähnliches Vollzugsproblem stellt sich auch bei sonstigen Wirtschaftsgütern (Antiquitäten, Bilder, Schmuck etc.).
340 Möstl, DStR 2003, S. 720, 723.
341 V. Bornhaupt, BB 2003, S. 125, 126, 128; Bilsdorfer, NJW 2003, S. 2509; Harenberg, Gestaltende Steuerberatung 12/2002, S. 429, 431.
342 §§ 23a, 24a EStG i.d.F. des StVergAbG-E, BT-Drs. 15/119.
343 Möstl, DStR 2003, S. 720, 723; Kraft/Bäuml, DB 2004, S. 620.
344 BT-Drs. 15/480; BT-Drs. 15/119; vgl. dazu auch: Schmidt-Seeger, EStG, § 24b (22. Aufl. 2003).
345 Harenberg, Gestaltende Steuerberatung 12/2002, S. 429, 430; Bilsdorfer, NJW 2003, S. 2509; der Gedanke der Entwurfsfassung hat in Gestalt eines neuen § 24c EStG i.d.F. des StÄndG 2003 (BStBl. I 2003, S. 710) Eingang in das EStG gefunden; vgl. dazu Schmidt-Weber-Grellet, EStG, § 24c, Rn. 1 (23. Aufl. 2004).

Finanzen werden die Daten gesammelt und an die zuständigen Finanzämter und Sozialbehörden bzw. die Verwaltungen weitergeleitet werden[346].

Mit diesen Maßnahmen sollte eine verbesserte Verifikation der Veräußerungsgewinne erreicht werden, auch und gerade vor dem Hintergrund des Vorlagebeschlusses des BFH vom 16. Juli 2002 zum Bundesverfassungsgericht[347]. Die darin verfolgte Argumentationslinie des BFH entsprach der des Zinssteuerurteils des Bundesverfassungsgerichts vom 27. Juni 1991[348]. In seiner damaligen Grundsatzentscheidung hatte das Bundesverfassungsgericht eine dem Gesetzgeber anzulastende Lücke im Gesetzesvollzug der Einkünfte aus Kapitalvermögen festgestellt. Diese Mängel und die von ihnen ausgehende Ungleichbehandlung in der steuerlichen Belastung führten zur Verfassungswidrigkeit der materiellen Steuernorm[349].

In Bezug auf die Spekulationsgewinne bei der Veräußerung von Wertpapieren ist derzeit die Verifikationsmöglichkeit aber noch eingeschränkter als sie bei der Zinsbesteuerung vor dem sogenannten Zinsurteil und der darauf ergangenen Gesetzesänderung war[350]. Wie 1991 das Bundesverfassungsgericht sah auch der BFH in seinem Vorlagebeschluss vom 16. Juli 2002 das stärkste Vollzugshindernis im Bankgeheimnis des § 30a AO[351]. Die noch vom VIII. Senat des BFH im Urteil vom 18. Februar 1997[352] versuchte, sehr umstrittene verfassungskonforme Auslegung[353] des Bankgeheimnisses, wonach das Ausschreiben von Kontrollmitteilungen bei hinreichendem Anlass zulässig und nur „Rasterfahndungen" von § 30a AO ausgeschlossen sein sollen, macht der IX. Senat offensichtlich nicht mit und stellt sich damit auf die Seite des VII. Senats, der in seinem Beschluss vom 28. Oktober 1997[354] ausführte, dass insbesondere § 30a AO eine für Außenprüfungen im Bankenbereich bewusste und zielgerichtete Einschrän-

[346] Harenberg, Gestaltende Steuerberatung 12/2002, S. 429, 430; Bilsdorfer, NJW 2003, S. 2509.

[347] V. Bornhaupt, BB 2003, S. 125, 126, 128; Bilsdorfer, NJW 2003, S. 2509; Harenberg, Gestaltende Steuerberatung 12/2002, S. 429, 431.

[348] 2 BvR 1493/89, BStBl. II 1991, S. 654; Suhrbier-Hahn, DStR 2003, S. 354, 356; Bilsdorfer, NJW 2003, S. 2509; zum Zinssteuerurteil vgl.: Risto/Julius, DB 2002, Beilage Nr. 4/2002, S. 1-11.

[349] Suhrbier-Hahn, DStR 2003, S. 354, 355; Bilsdorfer, NJW 2003, S. 2509.

[350] Suhrbier-Hahn, DStR 2003, S. 354, 355.

[351] Harenberg, Gestaltende Steuerberatung 12/2002, S. 429, 430; Ehrhardt-Rauch/Rauch, DStR 2002, S. 57, 58.

[352] VIII R 33/95, BStBl. II 1997, S. 499, 502; dazu: Ehrhardt-Rauch/Rauch, DStR 2002, S. 57, 58.

[353] Vgl. dazu i.E.: Risto/Julius, DB 2002, Beilage Nr. 4/2002, S. 1, 10.

[354] Beschl. v. 28.10.1997, VII B 40/97, BFH/NV 1998, S. 424.

kung der Prüfungsbefugnisse darstelle[355]. Das Bundesverfassungsgericht spricht in seinem Zinsurteil von 1991[356] in diesem Zusammenhang gar von einem „Verbot der Kontrollmitteilungen".

In seinem Urteil vom 9. März 2004 identifiziert das Bundesverfassungsgericht den § 30a AO erneut als Hauptursache des strukturellen Vollzugsdefizits[357]. Indes haben die Richter davon abgesehen, die Regelung für verfassungswidrig zu erklären, wohl um nicht in die Gestaltungsfreiheit des Gesetzgebers einzugreifen[358]. Auch zu der zwischen dem VII.[359] und dem VIII. Senat[360] des BFH umstrittenen verfassungskonformen Auslegung von § 30a AO nahm das Bundesverfassungsgericht nicht eindeutig Stellung. Das Bundesverfassungsgericht hat die Frage, ob der VIII. Senat des BFH in seinem Bemühen, § 30a Abs. 3 Satz 2 AO verfassungskonform „hinwegzuinterpretieren", die Grenzen der Auslegung überschritten hat, offen gelassen[361]. Das bloße Faktum der Uneinigkeit innerhalb des BFH und die Offenheit der vom VIII. Senat erhobenen Forderung nach einem „hinreichenden Anlass" für das Ausschreiben von Kontrollmitteilungen erzeugten nach Auffassung des Bundesverfassungsgerichts eine derartige Rechtsunsicherheit, dass die Finanzbehörden ihre Kontrollbefugnisse nicht effektiv nutzen konnten, zumal diese rechtliche Unsicherheit den Betroffenen stets die Möglichkeit gebe, gegen Ermittlungsmaßnahmen vorzugehen[362].

Die Vorschrift des § 30a AO 1977 ist demnach von den gesetzgeberischen Neuregelungen im StEntlG 1999/2000/2002 unangetastet geblieben. Im Ergebnis ist damit ein besonders gewichtiges Hindernis für die Gewährleistung von Gleichheit im steuerlichen Belastungserfolg nicht beseitigt worden. Auch nach Ansicht des Bundesverfassungsgerichts[363] stellt die Regelung des § 30a AO die „Wurzel allen Übels"[364] dar. Zuletzt sah der Entwurf zum StVergAbG die ersatzlose Streichung des § 30a AO vor.

Das StVergAbG ist in dieser Form nicht umgesetzt worden. Mit dem Wegfall des § 30a AO wäre – auch nach Ansicht des Bundesverfassungsgerichts - die Hauptursache des strukturellen Vollzugsdefizits im Bereich der privaten Veräu-

---

355 Harenberg, Gestaltende Steuerberatung 12/2002, S. 429, 430.
356 BVerfGE 84, S. 239, 278, BStBl. II 1991, S. 654, 668.
357 BVerfG, Urt. v. 09.03.2004, NJW 2004, S. 1022, 1026, 1027.
358 Hey, DB 2004, S. 724, 725.
359 BFH, Beschl. v. 28.10.1997, VII B 40/97, BFH/NV 1998, S. 424.
360 BFH, Urt. v. 18.02.1997, VIII R 33/95, BStBl. II 1997, S. 499.
361 Hey, DB 2004, S. 724, 725 m.w.N.
362 BVerfG, Urt. v. 09.03.2004, NJW 2004, S. 1022, 1026, 1027; Hey, DB 2004, S. 725.
363 BVerfG, Urt. v. 09.03.2004, NJW 2004, S. 1022, 1026, 1027.
364 Bilsdorfer, NJW 2003, S. 2509.

ßerungsgeschäfte beseitigt. Im Verbund mit den oben geschilderten Kontrollmaßnahmen wäre dem Gebot des Bundesverfassungsgerichts, das Deklarationsprinzip durch das Verifikationsprinzip zu ergänzen, in verfassungskonformer Weise genüge getan[365].

Bei allen Bemühungen, durch entsprechende Aufzeichnungs-, Bewertungs- und Gewinnermittlungsvorschriften für die betreffenden - genau bestimmten - privaten Wirtschaftsgüter strukturelle Vollzugshindernisse zu vermeiden, ist allerdings eines zu bedenken: Die damit der Erfassung der Einkünfte bei der Einkommensentstehung immanente Komplexität wird auch auf den privaten Bereich übertragen[366]. Während der Gesetzgeber zudem im betrieblichen Bereich eher davon ausgehen konnte, dass das Know-how zum Umgang mit den Vorschriften vorhanden ist[367], dürfte dies im privaten Bereich grundsätzlich in Frage zu stellen sein. Ferner spricht Einiges für die Vermutung, dass die Kosten einer effizienten Kontrolle außer Verhältnis zum Ertrag der Besteuerung stünden[368]. Während bei unzureichender Kontrolle strukturelle Vollzugsdefizite zur Verfassungswidrigkeit führen können, ist dies bei Unwirtschaftlichkeit der Steuererhebung ebenfalls denkbar[369]. Allerdings kann davon nur in Ausnahmefällen ausgegangen werden, etwa wenn der Verwaltungsaufwand mehr als 30 % des Ertrages einer Steuer ausmachte und die Erhebung der Steuer nicht durch besondere Gründe, insbesondere Lenkungsaspekte gerechtfertigt wäre[370].

Das Bundesverfassungsgericht hat in seinem Urteil vom 9. März 2004 zu Recht die Anforderungen an ein gleichheitsgerechtes Besteuerungsverfahren im Falle der Beibehaltung des Deklarationsprinzips wie folgt zusammengefasst: Das

---

365 Zustimmend: Harenberg, Gestaltende Steuerberatung 12/2002, S. 429, 431; Kraft/Bäuml, DB 2004, S. 615, 620.

366 Vgl. hierzu Pöllath, DB 1998, S. 2033, 2035: „Die Unzahl der erforderlichen Durchführungs- und Sonderbestimmungen (würde) nicht nur bei der Einführung dieser Steuer die gegenwärtige Generation von Steuerpflichtigen und Steuerberatern verwirren und beschäftigen, sondern wahrscheinlich weitere Generationen zur Verfeinerung der Erfassung in der Zukunft, zur Abmilderung ungewollter Härten, zum Stopfen aller und zum Aufreißen neuer Löcher. Das Hin und Her ist z.B. in den USA 75 Jahre lang zu verfolgen gewesen."

367 Auch im betrieblichen Bereich wird für den Mittelstand gegenwärtig eine Verringerung des administrativen Aufwands propagiert.

368 Loomann, „Besteuerung privater Kunstwerke ist eine wunderliche Idee", FAZ v. 18.01.2003, S. 20; ebenso: Stellungnahme des Bundesrates zum Entwurf des StVergAbG, BT-Drs. 15/287, Anlage 2, S. 8.

369 Verfassungsrechtliche Einwände konnte man diesbezüglich bislang allerdings nur hinsichtlich der Vermögensteuer erheben, vgl. Jachmann, Verfassungsmäßige Grenzen der Besteuerung, Aachen 1996, S. 31; Jachmann, StuW 1998, S. 193, 196.

370 Jachmann, StuW 1998, S. 193, 196; Jachmann, Verfassungsmäßige Grenzen der Besteuerung, Aachen 1996, S. 31.

Kontrollinstrumentarium muss im Massenverfahren der Veranlagung ohne unverhältnismäßige Mitwirkungsbeiträge der Steuerpflichtigen und ohne übermäßigen Ermittlungsaufwand der Finanzbehörde einen gleichheitsgerechten Vollzug der materiellen Steuernorm ermöglichen[371].

c. Verstoß der generellen Pauschalbesteuerung gegen elementare Besteuerungsgrundsätze

Nicht weniger schwer als die mangelnde systematische und verfassungsrechtliche Konsequenz des Gesetzgebers auf dem Weg zur Gleichmäßigkeit der Besteuerung wiegen allerdings die Verstöße dieses Reformansatzes gegen elementare Grundsätze der Besteuerung.

Das kapitalorientierte Verständnis der Steuergerechtigkeit wurde im 19. Jahrhundert geprägt[372]. Seitdem hat sich jedoch das Wirtschaftsleben gravierend verändert. Es ist – als Reflex der zunehmenden Arbeitsteilung - wesentlich vielgestaltiger und komplexer geworden. Die Notwendigkeit der Erfassung der kapitaleinkommensteuerlichen Bemessungsgrundlage bei der Einkommensentstehung durch einen Vermögensstatus (*Schanz-Haig-Simons-Konzept*) wird hierdurch grundsätzlich in Frage gestellt. Bei der Erfassung privater Veräußerungsgewinne sind in diesem Zusammenhang sowohl die Tatbestandsmäßigkeit als auch die Erfassung und Kontrolle problematisch.

(1) Aspekt der steuerlichen Tatbestandsmäßigkeit privater Veräußerungsgeschäfte

Insbesondere angesichts der institutionellen und instrumentellen Dynamik ist der Grundsatz der Tatbestandsmäßigkeit der Besteuerung latent gefährdet. Nach § 38 AO entstehen die Ansprüche aus dem Steuerschuldverhältnis, sobald der Tatbestand verwirklicht ist, an den das betreffende Steuergesetz anknüpft. Dieser korreliert mit dem schuldrechtlichen Grundsatz der Vertragsfreiheit. Somit wird auf Grund der Kosten, welche die Besteuerung den Wirtschaftssubjekten auferlegt, ein permanenter Anreiz zur legalen Steuervermeidung durch neue zivilrechtliche Gestaltungsformen gesetzt, deren außersteuerlicher Sinn häufig kaum mehr nachzuvollziehen ist. Die „Freiheit zu ökonomischer Vernunft“[373], wie sie durch die grundgesetzlich gebotene Neutralität des Steuersystems si-

---

[371] BVerfG, Urt. v. 09.03.2004, 2 BvL 17/02, NJW 2004, S. 1022, 1024; vgl. dazu auch Jacob/Vieten, FR 2004, S. 482, 484.

[372] Tipke/Lang, Steuerrecht, 17. Aufl. Köln 2002, § 4 Rn. 99.

[373] Kirchhof, Begründung (Allgemeiner Teil) Ziffer II, in: Karlsruher Entwurf zur Reform des Einkommensteuergesetzes, Heidelberger Forum, Band 116; ders. in: DStR 2001, S. 913, 915; StuW 2002, S. 3, 6

chergestellt werden soll, bleibt auf der Strecke. Es ergibt sich ein permanentes „Hase- und Igel-Spiel", in dem der Staat mit seinen Steuergesetzen den Innovationen „hinterherhechelt"[374].

Die Erweiterung des Umgehungstatbestandes des § 42 AO durch die Einführung eines zweiten Absatzes[375] kann die innovativen Gestaltungen nicht wirklich einfangen, zumal (noch) nicht existente Steuertatbestände nicht umgangen werden können. Am besten lässt sich das Gesagte durch die Finanzinnovationen illustrieren (§ 23 Abs. 1 Nr. 3 und 4 EStG), deren steuerliche Behandlung eine latente Grauzone darstellt[376]. Diejenigen, die über das Know-how verfügen, sich in derartigen Freiräumen zu bewegen, genießen de facto Steuerprivilegien. Insoweit, als „neu eingekleidete" wirtschaftliche Gestaltungen noch nicht von der Steuergesetzgebung erfasst werden, wird über die Innovationsdynamik auch materielle Ungleichheit erzeugt.

Weiterhin ist die Tatbestandsmäßigkeit der Besteuerung auch dann nicht gegeben, wenn der Gegenstand der Besteuerung nicht genau bezeichnet ist. Hier war bereits die Fassung des § 23 EStG im Entwurf zum StVergAbG handwerklich unsauber formuliert. Der nunmehr geltende § 23 Abs. 1 Nr. 2 EStG[377] bezieht nämlich „andere Wirtschaftsgüter, insbesondere Wertpapiere" in die Besteuerung ein. Andererseits sollen „Gegenstände des täglichen Gebrauchs" von der Veräußerungsgewinnbesteuerung ausgenommen sein. Der Begründung des Gesetzentwurfes ist aber nicht zu entnehmen, was unter den „Gegenständen des täglichen Gebrauchs" verstanden werden soll[378]. *Von Bornhaupt* interpretiert den Begriff dahingehend, dass alle privaten Wirtschaftsgüter gemeint sind, die nicht der Erzielung von Überschusseinkünften im Sinne des § 2 Abs. 1 Satz 1 Nr. 4 bis 7 EStG dienen (privates Erwerbsvermögen) und darüber hinaus keine Vermögensanlagen darstellen[379]. Hier entsteht jedoch wiederum eine Grauzone, bezüglich derer der Streit mit den Finanzbehörden vorprogrammiert ist: So existieren eine Reihe hochwertiger Wirtschaftsgüter, die sowohl der Kapitalanlage als auch dem täglichen Gebrauch gewidmet werden können. Man denke hierbei nur an die Luxusuhr, Schmuck, den teuren Oldtimer, Gemälde und andere Kunstgegenstände etc. Ob die betreffenden Gegenstände zum Gebrauch oder zur Ver-

---

[374] Vgl. hierzu Kanzler, in: FR 2000, S. 1245, 1255; dieser schreibt a.a.O.: „Den Wettlauf zwischen Hase und Igel (‚Ick bün all hier') kann der Gesetzgeber zwar nie gewinnen, er könnte aber gelegentlich zu der Einsicht gelangen, dass es sinnvoller wäre, sich diesem Rennen erst gar nicht zu stellen (...)".

[375] Gesetz vom 20.12.2001, BGBl. I 2001, S. 3794.

[376] Vgl. z.B. Harenberg, NWB Nr. 15/2001, Fach 3, S. 11515.

[377] I.d.F. des StVergAbG v. 16.05.2003, BGBl. I 2003, S. 660.

[378] Begründung des Gesetzentwurfs zum StVergAbG, BT-Drucks. 15/119.

[379] Von Bornhaupt, BB 2003, S. 125, 128.

mögensanlage angeschafft wurden, bestimmt sich aber allein subjektiv und ist letztlich nicht nachprüfbar.

(2) Aspekt der Erfassung und Kontrolle privater Veräußerungsgewinne bei „anderen Wirtschaftsgütern"

Einen zweiten wesentlichen Problemkomplex stellt die Erfassung und Kontrolle privater Veräußerungsgewinne dar[380]. Um strukturelle Vollzugshindernisse zu vermeiden, müssen zunächst entsprechende Aufzeichnungsvorschriften vorliegen. Zwar werden und sollen die Kontrollvorschriften speziell für den Bereich der Finanz- und Wertpapierveräußerungsgeschäfte drastisch verschärft werden, sogar um den Preis der Aufgabe des Bankgeheimnisses (siehe oben).

Diejenigen Aufzeichnungsvorschriften, die insbesondere die nebulösen „anderen Wirtschaftsgüter" betreffen, sind jedoch nach wie vor lückenhaft bzw. gar nicht vorhanden. Nach der Außerkraftsetzung der Vermögensteuer dürfte auch der Überblick der Finanzbehörden über die betreffenden Bestände im Privatbesitz weitgehend verlorengegangen sein[381]. Insoweit sind strukturelle Vollzugshindernisse, welche die Gleichmäßigkeit der Besteuerung in Frage stellen, auch dem Entwurf des StVergAbG immanent. Die vom Bundesverfassungsgericht in seinem Urteil vom 9. März 2004[382] verhandelte Problematik wird insoweit keinesfalls entschärft - das Gegenteil ist der Fall.
Die Notwendigkeit, strukturelle Vollzugshindernisse zu vermeiden, erfordert wiederum entsprechende Aufzeichnungs-, Bewertungs- und Gewinnermittlungsvorschriften für die betreffenden - genau bestimmten - privaten Wirtschaftsgüter. Damit würde die der Erfassung der Einkünfte bei der Einkommensentstehung immanente Komplexität auch auf den privaten Bereich übertragen[383]. Während der Gesetzgeber im betrieblichen Bereich eher davon ausgehen konnte, dass das Know-how zum Umgang mit den Vorschriften vorhanden ist, dürfte dies im privaten Bereich grundsätzlich in Frage zu stellen sein (siehe oben).

---

[380] BFH, Beschl. v. 16.07.2002, IX R 62/99, FR 2002, S. 1283.
[381] Pöllath, DB 1998, S. 2033, 2035.
[382] BVerfG, Urt. v. 09.03.2004, 2 BvL 17/02, NJW 2004, S. 1022; entspr. Vorlagebeschluss des BFH: BFH, Beschl. v. 16.07.2002, IX R 62/99, FR 2002, S. 1283 mit Anmerkung Harenberg, FR 2002, S. 1293; vgl. dazu i.Ü. die Vfg. d. OFD Rostock v. 17.09.2002, S-2256-St 232.
[383] Vgl. Pöllath, DB 1998, S. 2033, 2035.

Wiederum spricht Einiges für die Vermutung, dass die Kosten einer effizienten Kontrolle außer Verhältnis zum Ertrag der Besteuerung stünden[384], womit auch hier die Möglichkeit der Verfassungswidrigkeit wegen Unwirtschaftlichkeit der Steuererhebung[385] zu bedenken wäre.

Ein anderes, außersteuerliches Problem darf in diesem Zusammenhang nicht unerwähnt bleiben: Der Grundkonsens unserer Gesellschaft ist auf Freiheitlichkeit, Privatautonomie und Subsidiarität gegründet. Das der Kapitaleinkommensteuer systemfremde Element der Quellentheorie ließ es in Begleitung mit Quellensteuern (Kapitalertragsteuer, Zinsabschlagsteuer, Lohnsteuer) immerhin zu, dass der privatautonome Bereich größtmögliche Schonung vor staatlichen Kontrollmaßnahmen erfuhr. Um bei der Besteuerung privater Veräußerungsgewinne die Gleichmäßigkeit der Steuerfestsetzung und -erhebung sichern zu können, bedarf es jedoch schwerwiegender Eingriffe in die private Sphäre. Die in den geplanten §§ 23a, 24b EStG i.d.F. des StVergAbG-E vorgesehenen Kontrollmaßnahmen waren wiederum keineswegs ausreichend, da der „neue" § 23 EStG ja eben sämtliche privaten Vermögensgegenstände mit Ausnahme derer, die zum privaten Gebrauch vorgesehen sind, erfasst. § 193 Abs. 2 Nr. 2 AO, der Außenprüfungen auch bei Privatleuten zulässt, dürfte stark an Bedeutung gewinnen. Allerdings sollte man bedenken, dass der Preis der Gleichmäßigkeit einen entsprechenden Verlust an Freiheitsrechten darstellt.

Hinsichtlich der Veräußerungsgewinne der „anderen Wirtschaftsgüter" wäre die Alternative zum oben vorgestellten Szenario eine Typisierung. Diese könnte ähnlich der Übergangsregel in § 23 EStG i.d.F. des StVergAbG-E (die zu einer Besteuerung i.H.v. 1,5 % des Veräußerungserlöses führt) ausgestaltet sein. Dabei wäre aber zweifelhaft, ob diese als Dauerregelung dem Gebot der Besteuerung nach der Leistungsfähigkeit genügen würde. Ferner ist u.a. auf Grund des Verkehrssteuercharakters die Verfassungsmäßigkeit fraglich, zumal das Aufkommen an Verkehrssteuern nach Art. 106 Abs. 2 GG allein den Ländern zusteht[386].

Der Vollständigkeit halber sei erwähnt, dass bei der Veräußerungsgewinnbesteuerung aufgrund des Nominalwertprinzips auch rein inflationär bedingte Wertsteigerungen der Besteuerung unterworfen werden. Neben der Verletzung

[384] Loomann, „Besteuerung privater Kunstwerke ist eine wunderliche Idee", FAZ v. 18.01.2003, S. 20; ebenso: Stellungnahme des Bundesrates zum Entwurf StVergAbG, BT-Drs. 15/287, Anlage 2, S. 8.
[385] Jachmann, Verfassungsmäßige Grenzen der Besteuerung, Aachen 1996, S. 31.
[386] Von Bornhaupt, BB 2003, S. 125, 129 f.

des Leistungsfähigkeitspostulats[387] können hierdurch auch allokative Verzerrungen auftreten.

(3) Allokationsineffizienzen

Das insbesondere von Vertretern der Finanzwissenschaft betonte Kriterium der Allokationseffizienz[388] manifestiert sich in der Forderung, dass die Wohlfahrtsverluste aus steuerlich bedingten Verzerrungen von Marktentscheidungen so klein wie nur möglich ausfallen sollen. Dieses Kriterium lässt Aussagen über die optimale Ressourcenallokation zu und bietet daher einen Anhaltspunkt für die Bewertung von Steuersystemen. Man kann nun zeigen, dass eine Einkommensteuer niemals vollkommen entscheidungsneutral ausgestaltet werden kann[389].

Auch das Grundproblem jeder Veräußerungsgewinnbesteuerung ist, dass wirtschaftlich notwendige Umstrukturierungen und Umschichtungen mit (Steuer-) Aufwand belegt und damit behindert werden. Die Veräußerungsgewinnbesteuerung wirkt wie eine Verkehrssteuer und erzeugt insoweit Transaktionskosten. Die Transaktionskosten und damit der „Disincentive" sind dabei tendenziell um so größer, je zweckmäßiger die Umstrukturierung durch eine Neuverteilung der Veräußerungs- und Vererbungsbefugnisse (Property Rights[390]) wäre[391]. Es ergibt sich somit eine „Einsperrwirkung" (Lock-in-Effekt) für das steuerverhaftete Vermögen[392].

Die größten Allokationsdefizite und ungewollten Härten würden vermutlich durch „Folgereparaturen" abgefedert[393]. Das Erfordernis umfangreicher Korrekturvorschriften potenziert wiederum die Komplexität („Ölflecktheorie der Besteuerung"[394]).

---

387 Watrin/Lühn, DB 2003, S. 168, 169, 171.

388 Auf die begriffliche Nähe zum juristischen Maßstab der Besteuerung nach der Leistungsfähigkeit bzw. zum Erfordernis der Entscheidungsneutralität wurde eingangs bereits hingewiesen.

389 Nguyen-Thanh/Rose/Thalmeier, StuW 2003, S. 169, 171; grundlegend: Wagner, StuW 1992, S. 2, 4.

390 Mitschke, StuW 1988, S. 111, 117.

391 Die Höhe der Veräußerungsgewinne kann ja gerade als ein Indikator für die Zweckmäßigkeit dieser Umschichtungen gesehen werden.

392 Pöllath, DB 1998, S. 2033, 2034.

393 Ähnlich § 6b EStG, R 35 EStR; man denke auch an das Sonderrecht der Vermögensübertragungen gegen Versorgungsleistungen.

394 Löhr, Wege der Systemreform der Ertragsbesteuerung, in: Jens/Romahn, Sozialpolitik und Sozialökonomik, FS L. F. Neumann, Marburg 2000, S. 329, 335.

Mit § 32a Abs. 7 EStG i.d.F. des StVergAbG-E sollte schließlich ein weiteres schedulenartiges, systemfremdes Element in das grundsätzlich synthetisch angelegte Einkommensteuergesetz eingeführt werden. § 32a Abs. 7 EStG i.d.F. des StVergAbG-E belegte die sich im zu versteuernden Einkommen befindlichen Veräußerungsgewinne mit einem besonderen pauschalen Steuersatz von 15 %. Eine Sonderbehandlung innerhalb der Sonderbehandlung erfahren Veräußerungsgeschäfte, die Anteile an Körperschaften, Personenvereinigungen oder Vermögensmassen betreffen, deren Leistungen beim Empfänger zu Einnahmen im Sinne des § 20 Abs. 1 Nr. 1 EStG gehören. Diese Einkünfte sollten nach § 3 Nr. 40 EStG nach wie vor hälftig steuerbefreit sein, so dass der Einkommensteuersatz für diese Einkünfte effektiv 7,5 % beträgt.

Die geringeren Steuersätze fügen sich - soweit sie Veräußerungsgewinne aus Kapitalvermögen betreffen - in den Trend zur Dual Income Taxation ein, wonach Kapitaleinkommen wesentlich niedriger als Arbeitseinkommen endbesteuert werden. Eine Dual Income Taxation wirkt – so die Vertreter dieser Ansicht - zwar wie eine partielle Zinsbereinigung und trägt insoweit zu einer besseren intertemporalen Allokation bei. Da sie aber den synthetischen Charakter des Einkommensteuerrechts ein weiteres Mal durchbricht, ist sie allein aus steuersystematischen Gründen abzulehnen[395]. Der historische Fortschritt von der Schedulensteuer zur Gesamteinkommensteuer würde von der rot-grünen Koalition also gleich mehrfach rückgängig gemacht[396]. Je schedulenhafter ein Steuersystem konzipiert ist, um so weniger entspricht es dem Gebot der Allokationsneutralität, da unterschiedliche Einkunftstatbestände unterschiedlich behandelt werden. Zudem wird das Gebot der Gleichmäßigkeit der Besteuerung verletzt[397].

Teilweise wurde bereits bei der Tatbestandsausweitung des § 23 EStG im Zuge des StEntlG 1999/2000/2002 vertreten, dass es sich trotz des beschränkenden temporären Elements um den Auftakt zur Einführung einer capital-gains-Besteuerung in Deutschland handle[398]. Angesichts einer gänzlichen Aufhebung jeder zeitlichen Beschränkung, wie sie das StVergAbG vorsah, wäre dieser Ansicht beizutreten. Die ausnahmsweise Besteuerung einmaliger Einkünfte in der siebten Einkunftsart auf Grundlage der Reinvermögenszugangstheorie würde durch ein dem StVergAbG-E entsprechendes Konzept zur Regel. Dies wäre ein

---

[395] Tipke/Lang, Steuerrecht, 17. Aufl. Köln 2002, § 8 Rn. 87.

[396] Ein weiteres Beispiel für die Rückwendung hin zur Schedulisierung des Steuersystems ist die Mindestbesteuerung des § 2 Abs. 3 EStG; vgl. Tipke/Lang, Steuerrecht, 17. Aufl. Köln 2002, § 9 Rn. 66.

[397] So kommen bestimmte Sachverhalte, wie Veräußerungsgewinne bei Fondsanteilen, nicht in den Genuss der ermäßigten Besteuerung.

[398] So zumindest Prinz/Ommerborn, FR 2001, S. 977, 981; a.A. Kanzler, FR 2000, S. 1245, 1247.

finaler Schritt zu einem Systemwechsel im deutschen Einkommensteuerrecht (capital-gains-Besteuerung)[399].

2. Fazit

Die generelle steuerliche Erfassung privater Veräußerungsgewinne durch einen Wegfall der Spekulationsfristen im Zuge einer Neukonzeption erweitert den bisher schon bestehenden Verstoß gegen den Grundsatz des § 2 Abs. 2 Nr. 2 EStG. Die Abschwächung des Einkünftedualismus durch die Einbeziehung des privaten Erwerbsvermögens in die Veräußerungsgewinnbesteuerung ist jedoch als ein systematisch konsequenter Schritt zu mehr Gleichmäßigkeit der Besteuerung anzusehen und daher grundsätzlich – gerade auch im Hinblick auf das Leitbild der synthetischen Einkommensteuer - zu begrüßen.

Konsequent wäre im Falle der generellen steuerlichen Erfassung privater Veräußerungsgeschäfte jedoch allein die vollständige Aufgabe des Systems der dualistischen Einkünfteermittlung. Das Konzept der Kapitaleinkommensbesteuerung erfordert nämlich die Schaffung eines dem Betriebsvermögen gleichwertigen Arbeits-, Berufs- oder Einkunftserzielungsvermögens mit einem Vermögensvergleich. Doch lässt der Gesetzgeber hier einen Mangel an Konsequenz erkennen. Stattdessen geht mit der vermeintlichen Annäherung an das Ideal der synthetischen Einkommensteuer eine weitere Schedulisierung einher. Ein derartiger Mangel an Konsequenz ist auch im Hinblick auf das Leistungsfähigkeitsprinzip als Ausprägung des Gleichheitssatzes des Art. 3 Abs. 1 GG festzustellen.
Die Forderung nach der steuerlichen Gleichbehandlung zumindest betrieblicher und privater Veräußerungsgeschäfte ist aufgrund der erheblichen Belastungsunterschiede begründet, zu der die gegenwärtig unterschiedlichen Erfassungsgrade betrieblicher und privater Veräußerungen führen. Zwischen privaten und betrieblichen Veräußerungsgewinnen besteht wertungsmäßig kein Unterschied.

Die Umsetzung des Konzepts der generellen Besteuerung privater Veräußerungsgeschäfte im Sinne des StVergAbG-E, ohne zugleich eine Gleichstellung mit betrieblichen Veräußerungsgeschäften vorzunehmen, bliebe lediglich ein Schritt in Richtung einer verfassungskonformen gleichmäßigen Besteuerung. Im Ergebnis würde man auf halbem Wege stehen bleiben.

Dabei steht Art. 3 Abs. 1 GG dem Vorhaben einer Wertzuwachssteuer nicht per se entgegen; er entfaltet allerdings wichtige Maßgaben. Denn auch eine generelle Besteuerung von privaten Veräußerungsgeschäften wäre verfassungswidrig,

---

[399] Wenglorz/Bäuml, BB 2003, S. 286, 289, 290; Watrin/Lühn, DB 2003, S. 168; in der Stellungnahme des Bundesrates zum Entwurf StVergAbG, BT-Drs. 15/287, Anlage 2, S. 8 ist sogar von der Einführung einer „neuen Steuer" die Rede.

soweit diese nahezu allein von der Deklarierungsbereitschaft ehrlicher Steuerpflichtiger abhinge und ihre gleichmäßige Durchsetzung – mangels effektiver Kontrollmöglichkeiten – nicht gewährleistet wäre. Unverzichtbar ist daher zumindest eine Lockerung des § 30a AO, wenn nicht gar dessen Aufhebung.

Der Gesetzgeber hatte auf diese Gegebenheiten bereits reagiert. Der zuletzt gescheiterte Entwurf zum StVergAbG sah als flankierende Maßnahme neben der Einführung einer generellen Pauschalbesteuerung privater Veräußerungsgeschäfte unter anderem die ersatzlose Streichung des § 30a AO vor. Mit dieser Maßnahme würde eine verbesserte Verifikation der Veräußerungsgewinne erreicht, auch und gerade vor dem Hintergrund des Urteils des Bundesverfassungsgerichts vom 9. März 2004.

Das StVergAbG ist in dieser Form nicht umgesetzt worden. Mit dem Wegfall des § 30a AO wäre – auch nach Ansicht des Bundesverfassungsgerichts - die Hauptursache des strukturellen Vollzugsdefizits im Bereich der privaten Veräußerungsgeschäfte beseitigt. Im Verbund mit den oben geschilderten Kontrollmaßnahmen wäre dem Gebot, das Deklarationsprinzip durch das Verifikationsprinzip zu ergänzen und den Kriterien des Bundesverfassungsgerichts in verfassungskonformer Weise genüge getan.

Vordergründig kann das von der rot-grünen Bundesregierung planmäßig verfolgte Ziel der umfassenden Besteuerung von Veräußerungsgewinnen als ein Weg gesehen werden, um dem aus dem Dualismus der Einkunftsarten entspringenden Verstoß gegen die Gleichmäßigkeit der Besteuerung Einhalt zu gebieten. Bei näherem Hinsehen verhindert die Veräußerungsgewinnbesteuerung in der durch das StVergAbG vorgesehenen Form jedoch nicht den Verstoß gegen elementare Besteuerungsprinzipien. Zu denken ist hier an den Grundsatz der Tatbestandsmäßigkeit der Besteuerung, der insbesondere durch § 23 Abs. 1 Satz 1 Nr. 2 EStG im Bereich der sogenannten „anderen Wirtschaftgüter“ verletzt ist. Zudem zeichnet sich eben dort bereits ein erneutes „strukturelles Vollzugsdefizit“ ab, das auch durch eine Streichung des nicht im Bereich der „anderen Wirtschaftsgüter“ (Antiquitäten, Schmuck etc.) greifenden § 30a AO bzw. der Etablierung weiterer Kontrollverfahren nicht behoben würde. Zumal weiter Kontrollverfahren wiederum ihre Grenze im Gebot der Wirtschaftlichkeit der Steuererhebung und dem Schutz der Privatsphäre finden.

Schließlich würden die mit dem Pauschalsteuerkonzept einhergehenden Allokationsineffizienzen (Lock-in-Effekt) sowie die Uneinheitlichkeit der Besteuerung betrieblicher und privater Veräußerungsgewinne dem ohnehin hybriden Einkommensteuergesetz weitere schedulenartige Elemente hinzufügen.

Zusammenfassend ist festzuhalten, dass es dem auf dem Entwurf zum StVergAbG beruhenden Konzept einer generellen Pauschalbesteuerung privater Veräußerungsgeschäfte an systematischer Konsequenz und – damit zusammenhängend – Verfassungskonformität mangelt. Daneben verstößt dieses Konzept gegen weitere elementare Prinzipien der Besteuerung.

3. Auswirkungen des Pauschalsteuerkonzepts auf das System der kapitalorientierten Einkommensteuer

Wie eingangs erwähnt, ist das bestehende System der Kapitaleinkommensteuer auf eine Erfassung der Besteuerungsgrundlagen bei der Einkommensentstehung angewiesen. Zwar wird bei der Erfassung „privater Einkunftsarten" im Rahmen der Quellentheorie dieses Erfordernis durchbrochen, doch wurden in der deutschen Steuergesetzgebung Regelungen der Besteuerung von Kapitaleinkommen auf der Grundlage des dualistischen Einkommensbegriffs bisher nicht in Frage gestellt[400].

Eine an den Entwurf zum StVergAbG angelehnte Neukonzeption der Besteuerung von Veräußerungsgewinnen wäre im Hinblick auf den Gleichheitssatz des Art. 3 Abs. 1 GG zu akzeptieren, handelt es sich zwar um eine punktuelle, so doch entscheidende Durchbrechung des Einkünftedualismus. Eine konsequente Zuwendung zum System der Kapitaleinkommensbesteuerung hätte allerdings die Aufhebung des dualen Systems der Einkünfteermittlung durch Gleichsetzung der zur Erzielung von Überschusseinkünften eingesetzten Wirtschaftsgüter mit denen bei Gewinneinkünften erfordert. Dazu müsste ein dem Betriebsvermögen gleichwertiges Arbeits-, Berufs- oder Einkunftserzielungsvermögen geschaffen werden, so wie es in der Literatur[401] schon seit langem diskutiert wird und unter dem Gleichheitsaspekt zu fordern ist (siehe oben).

Mit der Neuregelung der Besteuerung privater Veräußerungsgeschäfte in Anlehnung an den StVergAbG-E wäre jedoch zugleich die Schedulisierung des deutschen Einkommensteuerrechts weiter vorangetrieben worden[402]. So sprach *Kanzler* im Zusammenhang mit der politischen Grundentscheidung einer erweiterten steuerlichen Erfassung privater Veräußerungsgeschäfte bereits von einer zwar unerwarteten aber doch bemerkenswert unspektakulären Art der Verabschiedung hergebrachter und bewährter Grundsätze des Ertragsteuerrechts. Neben der Gewinnrealisierung sind davon nach seiner Einschätzung auch der Dua-

[400] Lang, DStJG Bd. 24 (2001), S. 49, 75; Wagner, DB 1999, S. 1520.
[401] Vgl. u.a. Tipke/Lang, Steuerrecht, 17. Aufl. Köln 2002, § 9 Rn. 254; v. Bornhaupt, BB 2003, S. 125, 128 m.w.N.
[402] Jacobs/Schreiber/Spengel/Gutekunst/Lammersen, DB 2003, S. 519, 521, 522.

lismus der Einkunftsarten und der synthetische Einkommensbegriff betroffen[403]. Denn die mit dem StEntlG 1999/2000/2002 etablierte Beschränkung des Verlustausgleichs trennt bereits jetzt nach Einkunftsarten[404]. Auch sollten – so der Entwurf des StVergAbG und damit wohl auch die voraussichtliche Neukonzeption durch den Gesetzgeber - bei nicht wesentlicher Beteiligung Gewinne aus der Veräußerung von Anteilen an Kapitalgesellschaften künftig pauschal mit 15 %[405] (bzw. mit 7,5 % nach Anwendung des Halbeinkünfteverfahrens) der Einkommensteuer unterliegen. Dagegen würde es voraussichtlich für die Besteuerung von Dividenden beim Höchststeuersatz (unter Anwendung des Halbeinkünfteverfahrens) bleiben[406]. Auch der im StVergAbG-E vorgesehene Pauschalsteuersatz wäre unter dem halben Einkommensteuersatz gelegen. Damit wäre eine Veräußerung nach § 23 EStG i. d. F. des StVergAbG-E gegenüber der Ausschüttung vorteilhaft gewesen. Dies gilt auch gegenüber den durch § 17 EStG erfassten Veräußerungsgewinnen, welche wie Ausschüttungen weiterhin dem Halbeinkünfteverfahren unterlegen wären. Durch die Tarifdifferenzierung werden vergleichbare Gewinne unterschiedlich belastet. Das Prinzip des Halbeinkünfteverfahrens, Ausschüttungen und Verkaufsgewinne gleich zu belasten, wäre nach wie vor verletzt[407].

Mit der gänzlichen Beseitigung des dualen Systems der Einkünfteermittlung im Wege der Gleichsetzung der zur Erzielung von Überschusseinkünften eingesetzten Wirtschaftsgüter mit denen bei Gewinneinkünften würde jedoch das Erfordernis einer durchschlagenden Steuervereinfachung ebenfalls nicht notwendig erreicht. Auch blieben die grundsätzlichen Probleme bestehen, die sich aus der Innovationsdynamik der Steuerpflichtigen ergeben. Weiterhin erhalten blieben insbesondere Anreize für neue (steuervermeidende) Gestaltungen.
Entgegen dem wiederholt erklärten Ziel des Gesetzgebers[408], die Systematik des Steuerrechts wieder erkennbar und somit dieses verständlicher zu machen, würde die Einführung einer Pauschalbesteuerung privater Veräußerungsgeschäfte unter diesen Vorzeichen die ursprüngliche Systematik des synthetisch angelegten Einkommensteuerrechts weiter verschwimmen lassen, ohne an ihre Stelle ein neues Leitbild zu setzen, welches eine solche Zersplitterung rechtfertigen könn-

---

403 Kanzler, FR 2003, S. 1.
404 Jacobs/Schreiber/Spengel/Gutekunst/Lammersen, DB 2003, S. 519, 521, 522.
405 Zu erwarten ist hier eine Anhebung des Steuersatzes auf 25%, was dem europäischen Vergleich und entsprechenden Ankündigungen des Finanzministeriums zum StVergAbG-E entspräche, vgl. Wenglorz/Bäuml, BB 2003, S. 286, 290.
406 Jacobs/Schreiber/Spengel/Gutekunst/Lammersen, DB 2003, S. 519, 523, 525.
407 Jacobs/Schreiber/Spengel/Gutekunst/Lammersen, DB 2003, S. 519, 523.
408 Vgl. u.a. die Gesetzesbegründung zum StVergAbG, BT-Drs. 15/119 v. 02.12.2002, S. 21.

te[409]. Denn auch eine Schedulensteuer entlässt den Gesetzgeber nicht aus der Verpflichtung, die Systematik des Steuerrechts zu wahren[410].

E. Beibehaltung des Status quo oder konzeptionelle Alternativen?

Wie 1991 schon das Zinsurteil des Bundesverfassungsgerichts, rückt auch die Entscheidung des Bundesverfassungsgerichts vom 9. März 2004 zur Frage der Verfassungsmäßigkeit der Besteuerung von Wertpapierveräußerungsgeschäften die Notwendigkeit einer Reform der Kapitaleinkommensbesteuerung erneut in den Mittelpunkt des Interesses[411].

Eine Steuerreform kann mit zwei grundsätzlich unterschiedlichen – prima facie kollidierenden – Zielrichtungen betrieben werden, nämlich der der Systemkonsequenz und der der typisierenden Nivellierung von an sich im System angelegten Differenzierungen. Systemkonsequenz kann über einen Steuersystemwandel oder eine Systembereinigung erreicht werden. Betrachtet man die Einkommensteuer, so käme – als Systemwandel – insbesondere eine verstärkte Konsumorientierung in betracht[412]. Gleichwohl erscheinen weder die Besteuerung eines zinsbereinigten Einkommens noch eine sparbereinigte Einkommensteuer politisch realisierbar, wenngleich gerade die Kapitalorientierung der gegenwärtigen Einkommensteuer Ursache für diverse Sonderbehandlungen der verschiedenen Formen des Sparens ist wie auch für die grundsätzliche Steuerfreiheit privater Veräußerungsgewinne[413].

Als Steuerreform mit realistischen Erfolgschancen sollte zum einen eine systemimmanente Bereinigung der Bemessungsgrundlage der Einkommensteuer angestrebt werden. So würden niedrigere Steuersätze ermöglicht, die zudem in ihrer Ausgestaltung vereinfacht werden könnten. Niedrigere Steuersätze bei weniger Ausnahmen würden die Einkommensbesteuerung transparent und vollzugsfähig machen und die Akzeptanz beim Steuerbürger erhöhen. Neben der Erzielung von Systemkonsequenz durch Systembereinigung sollte das Einkommensteuerrecht zum anderen durch den verstärkten Einsatz von Typisierungen, insbesondere im Bereich des Ausgabenabzugs, vollzugsfreundlicher ausgestaltet werden.

---

[409] Hey, DB 2004, S. 724, 729 bezeichnet u.a. diesen Ansatz als „Flickwerk".

[410] Jacobs/Schreiber/Spengel/Gutekunst/Lammersen, DB 2003, S. 519, 522.

[411] Hey, DB 2004, S. 724, 728; Zur Reform der Kapitaleinkommensbesteuerung wegen des Zinsurteils vgl. Rose, BB 1992, Beilage 5 zu Heft 10, S. 2.

[412] Jachmann, StuW 1998, S. 193, 200. Nach Jachmann, a.a.O. wäre eine Konsumbesteuerung erstrebenswert, schöpft doch die Einkommensbesteuerung diejenigen Leistungsfähigkeitssteigerungen ab, die das Steuersubjekt befähigen, seinen Privatkonsum zu finanzieren.

[413] Jachmann, StuW 1998, S. 193, 200.

Als Maßnahme der Systemkonsequenz wäre insbesondere an eine Beseitigung der Unterscheidung zwischen Gewinn- und Überschusseinkunftsarten zu denken, aus der ein erheblicher Abgrenzungsaufwand entsteht[414]. Dies entspräche den vorstehend gefundenen Ergebnissen, wonach das auf dem theoretischen Gegensatz von Quellentheorie und Reinvermögenszugangstheorie beruhende dualistische System der Einkünfteermittlung gegen den Gleichheitsgrundsatz und das Prinzip der synthetischen Einkommensteuer verstößt. Systemfortbildend käme vor allem eine Reduktion der Pluralität der Einkunftsarten und eine Angleichung der daran anknüpfenden Einkünfteermittlung in betracht[415].

Eine Antwort auf die Frage, ob eine Beibehaltung des Status quo der Kapitaleinkommensbesteuerung nach dem Leitbild der synthetischen Einkommensteuer oder eine grundlegende konzeptionelle Neugestaltung des Steuersystems vorzuziehen ist, muss nicht zuletzt auch die politische Durchsetzbarkeit eines solchen Vorhabens mit ins Kalkül ziehen.

Eine konzeptionelle Überarbeitung des Systems der steuerlichen Erfassung von Veräußerungsgeschäften – beschränkt auf die Reichweite des StVergAbG-E - würde die grundlegenden Probleme verfassungsrechtlicher und systematischer Natur nicht nachhaltig beheben. Dies wurde vorstehend hinreichend erläutert.

Will man an dem System einer einkommensbasierten (grundsätzlich) synthetischen Einkommensbesteuerung festhalten (Status quo der Kapitaleinkommensbesteuerung) wäre eine konzeptionelle Überarbeitung erforderlich, die weiter greift. Vordringlich wäre insbesondere eine konsequente Gleichbehandlung betrieblicher und privater Veräußerungsgeschäfte, womit die dualistische Ausgestaltung der Einkünfteermittlung in diesem Bereich beseitigt und das Leitbild einer synthetischen Einkommensteuer erkennbar würde.

Die Korrektur der Defizite des bestehenden Systems und die Umsetzung des Konzepts einer derartigen einheitlichen Veräußerungsgewinnbesteuerung würde einen nicht unerheblichen politischen Kraftakt erfordern. Die Schwierigkeiten der politischen Umsetzung eines solchen Vorhabens haben sich schon beim StVergAbG-E angedeutet, das – obwohl weit weniger einschneidend - im Vermittlungsausschuss gescheitert ist.

Wie eine derartige einheitliche Veräußerungsgewinnbesteuerung ausgestaltet werden könnte, wird im Folgenden diskutiert. Auch eine einheitliche Veräuße-

---

[414] Jachmann, StuW 1998, S. 193, 202.
[415] Jachmann, StuW 1998, S. 193, 200.

rungsgewinnbesteuerung muss sich an den aufgestellten systematischen und verfassungsrechtlichen Kriterien messen lassen.

Möglicherweise zeichnet sich jedoch auch ein parteiübergreifender Konsens für eine „große Steuerreform" ab[416]. Ein derartige „radikale" Neuregelung müsste zwingend auch die Neugestaltung der Veräußerungsgewinnbesteuerung beinhalten. Sollte eine große Steuerreform auf den Weg gebracht werden, hätte sich diese an den Elementen der bereits vorliegenden Konzepte von *Paul Kirchhof* und *Manfred Rose* zu orientieren, die ebenfalls im Anschluss vorgestellt werden.

I. Beibehaltung der „traditionellen" Besteuerung des Kapitaleinkommens

Parteiübergreifend besteht Einigkeit darüber, dass die Absenkung der Steuersätze durch eine Verbreiterung der Bemessungsgrundlage gegenfinanziert werden muss. Die Abschaffung von Ausnahmetatbeständen ist dabei ein wesentlicher, nicht zuletzt der Steuervereinfachung dienender Schritt; logischen Vorrang hat jedoch die Aufstellung von Regeln, die die tatsächliche Leistungsfähigkeit des Steuerpflichtigen zutreffend wiederspiegeln. Mit diesen Regeln müssen alle wirtschaftlich relevanten Einkommensquellen erfasst werden[417].

Die in Deutschland traditionelle Privilegierung passiv erzielter Einkünfte entspricht nicht mehr den an ein modernes Steuerrechtssystem gerichteten Anforderungen, die in der Vereinbarung volkswirtschaftlicher Zielsetzungen mit haushaltspolitischen Notwendigkeiten bestehen. Die steuerliche Förderung kommt Einkommensquellen zugute, die keinem internationalen Wettbewerb ausgesetzt sind und bei denen die Wertschöpfung auf der begrenzten Verfügbarkeit von Grund und Boden, auf Zeitablauf sowie auf spekulativer Gewinnrealisierung beruht. Sie wird durch eine relativ höhere Belastung aktiv erwirtschafteter Einkommen erkauft[418].

Die Einbeziehung privater Vermögenszuwächse in die Besteuerung entspräche international geübter Praxis[419]. Der Fiskus würde an den sogenannten passiven Einkunftsquellen stärker beteiligt, anstatt diese – durch weitgehende steuerliche

[416] Eine entsprechende Bereitschaft von SPD, Bündnis 90/Die Grünen und CDU/CSU sowie FDP zeichnet sich gegenwärtig ab, vgl. dazu u.a. FAZ v. 8.01.2004, S. 1, 2 „Stoiber: Bis März mit der CDU über Steuerkonzepte einig" bzw. FAZ v. 7.01.2004, S. 10 „Der Steuertarif spiegelt Großzügigkeit und Geschmack".
[417] Saathoff, FR 1998, S. 917, 927.
[418] Saathoff, FR 1998, S. 917, 927.
[419] Saathoff, FR 1998, S. 917, 927.

Nichterfassung - zu begünstigen. Im Gegenzug könnten aktive Einkunftsquellen entlastet werden. Die Änderungen würden dem verfassungsrechtlich verankerten Grundsatz der Besteuerung nach der Leistungsfähigkeit mehr Geltung verschaffen und damit einen wesentlichen Beitrag zur Steuergerechtigkeit leisten. In einem zusammenwachsenden Europa, dessen erklärtes Ziel die Herstellung vergleichbarer wirtschaftlicher Rahmenbedingungen in den Mitgliedstaaten ist, wären diese Maßnahmen außerdem ein Schritt zur Herstellung konvergenter und transparenter Steuerrechtssysteme[420].

1. Einheitliche Veräußerungsgewinnbesteuerung

Das vom deutschen Verfassungsrecht geprägte steuerrechtswissenschaftliche Verständnis verbietet nach *Lang*[421] Lösungen einer nicht progressiven Endbesteuerung (z.B. Dual Income Tax; Endbesteuerung von Zinsen). Vielmehr stellt sich nach *Lang* der deutschen Steuerrechtswissenschaft die Aufgabe, einerseits die internationale Wettbewerbs- und Anpassungsfähigkeit im Blickfeld zu behalten, jedoch andererseits die Investitionsbesteuerung so fortzuentwickeln, dass das Ziel einer gleichmäßigen Besteuerung aller Steuerzahler durch ein synthetisches System der progressiven Besteuerung von Einkommen möglichst erreicht werde. *Lang*[422] führt dazu aus, dass die im Unterschied zum Modell der Dual Income Tax (Schedulensteuer) abschließend progressive Besteuerung aller Einkommen einschließlich der investierten Einkommen für das deutsche Verständnis von Gleichheit wesentlich ist. Das Postulat gleichmäßiger Besteuerung sei nur dann erfüllt, wenn die globale Niedrigbesteuerung der investierten Einkommen in ein synthetisches System einmündet, das die Einkünfte aus Vermögen und Arbeit im Zeitpunkt der Konsumierbarkeit[423] des Einkommens grundsätzlich als gleichwertig behandelt.

Daran rüttelt auch das Bundesverfassungsgericht in seinem Urteil vom 9. März 2004 nicht. Es hält an der grundsätzlich kapitalorientierten Ausrichtung des deutschen Einkommensteuerrechts mit dem Leitbild der synthetischen Einkommensteuer fest. Zwar betonte noch der vorlegende Senat des BFH in einem sich auf den Vorlagebeschluss beziehenden Beschluss über eine Aussetzung der

---

[420] Saathoff, FR 1998, S. 917, 927.
[421] Lang, DStJG Bd. 24 (2001), S. 49, 74.
[422] Lang, DStJG Bd. 24 (2001), S. 49, 115.
[423] Im Unterschied zur Ausgabensteuer knüpft die Einkommensteuer nicht an den tatsächlichen Konsum, sondern an das Markteinkommen an. In diesem Sinn bedeutet „Konsumierbarkeit" das Ausscheiden des Einkommens aus der Steuerverstrickung, so dass es abschließend progressiv zu besteuern ist. Ob es tatsächlich konsumiert, in das Ausland verbracht oder in anderer Weise im nicht steuerbaren Bereich verwendet wird, ist für die Markteinkommensteuer gleichgültig; Lang, DStJG Bd. 24 (2001), S. 49, 115 Fn. 258.

Vollziehung, dass es in der Entscheidungsfreiheit des Gesetzgebers stünde, auf welche Weise er eine gleichmäßige Besteuerung der Wertpapier-Spekulationsgeschäfte gewährleisten will[424]. Doch ist der Pfad hierfür – betrachtet man die Entscheidung des Bundesverfassungsgerichts vom 9. März 2004 – eng abgesteckt und stellt die kapitalorientierte Ausrichtung des deutschen Einkommensteuerrechts mit dem Leitbild der synthetischen Einkommensteuer nicht grundsätzlich in Frage.

Es wurde schon angedeutet, dass es sich beim geltenden System der Kapitaleinkommensbesteuerung historisch um ein Auslaufmodell handelt[425]. Dennoch sind – wie die Vergangenheit und die vorstehenden Ausführungen zeigen - grundlegende Systemreformen angesichts des politischen Klimas in der Bundesrepublik kaum durchführbar. Somit ergeben sich bei Beibehaltung der Kapitaleinkommensbesteuerung folgende Möglichkeiten, wenn man den Gedanken der Veräußerungsgewinnbesteuerung nicht verwerfen möchte:

- Die generelle Erfassung der betreffenden Einkünfte im Rahmen des § 22 Nr. 2 EStG bei einer gleichzeitigen Gewährung entsprechend hoher Freigrenzen[426].
- Die Fiktion „gewerblicher Einkünfte“ (§ 15 EStG) bei Überschreiten bestimmter Größenordnungen (Betrag und Häufigkeit).

Beide Möglichkeiten lassen allerdings das Problem ungelöst, dass auch bis zum Erreichen der Freigrenze bzw. der Aufgriffsschwelle für die Gewerblichkeit die betreffenden Einnahmen und Ausgaben aufgezeichnet und kontrolliert werden müssten. Ebenso bleiben die grundsätzlichen Probleme bestehen, die sich aus der Innovationsdynamik ergeben. Es bestehen weiterhin Anreize für neue Gestaltungen. Die Vorschläge schaffen lediglich eine gewisse Abhilfe hinsichtlich der Einfachheit der Besteuerung und zu erwartender struktureller Vollzugshindernisse insbesondere bei den „anderen Wirtschaftsgütern“.

Dies wären mit Blick auf das Urteil des Bundesverfassungsgerichts vom 9. März 2004 und die vorstehend gefundenen Ergebnisse zu den System- und Gleichheitsdefiziten des Status quo allerdings auch die vordringlich zu lösenden Probleme. Es stellt sich daher doch die Frage, ob nicht der StVergAbG-E insofern einen ausbaufähigen Lösungsansatz bietet, als die privaten Veräußerungsgewinne generell erfasst werden sollten. Eine solche Lösung müsste vermeiden, das gegenwärtig ohnehin „hybride“ Einkommensteuersystem mit weiteren Schedulenelementen zu verwässern. Der Lösungsansatz müsste vielmehr eine Annähe-

---

[424] BFH, Beschl v. 11.06.2003, IX B 16/03, DB 2003, S. 1481.

[425] Pöllath, DB 1998, S. 2033, 2034.

[426] Dies entspricht dem Vorschlag des Deutschen Juristentages 1988. Sitzungsbericht N zum 57, Deutschen Juristentag, 1988, S. 212 (IV 3).

rung an die Prinzipien der nach deutschem Gleichheitsverständnis erforderlichen synthetischen Einkommensteuer bewirken. Diesen Anforderungen würde genügt durch eine – gleichmäßig sowohl betriebliche als auch private Veräußerungsgewinne erfassende – vereinheitlichte Veräußerungsgewinnbesteuerung.

Die bisherige steuerliche Behandlung betrieblicher wie privater Veräußerungsgewinne zeigt ein Bild orientierungsloser Rechtsentwicklung und weist einen zerklüfteten Normenbestand auf, dessen steuersystematische Mängel die verfassungsrechtliche Prüfung geradezu herausfordern. Andererseits hat das Bundesverfassungsgericht diesem Bereich bisher wenig Aufmerksamkeit zugewandt, so dass der politische Gestaltungsspielraum des Gesetzgebers, anders als etwa im Bereich der Familienbesteuerung, kaum eingeengt ist. Es bietet sich eine systemkonforme und steuervereinfachende Lösung an, ohne im Rahmen einer „massiven Steuervereinfachung" völlig auf die Besteuerung von Veräußerungsgewinnen verzichten zu müssen[427].

Letztlich betrifft die Besteuerung privater Veräußerungsgewinne die Frage, inwieweit auch realisierte Wertzuwächse des Vermögensstammes selbst zu den einkommensteuerpflichtigen Vermögenserträgen zu rechnen sind[428]. Steuersystematisch nicht zu beanstanden wäre vor dem Hintergrund, dass betriebliche Veräußerungsgewinne seit jeher der Einkommensteuer unterliegen, allein die Einführung einer grundsätzlichen Besteuerung privater Veräußerungsgewinne (wie sie der Entwurf des StVergAbG ursprünglich vorsah)[429].
Der traditionelle Einkünftedualismus von Überschuss- und Gewinneinkünften mit ihrer je eigenen Methode der Einkunftsermittlung kann die überkommene Diskrepanz einer Besteuerung betrieblicher und Nichtbesteuerung privater Veräußerungsgewinne allenfalls erklären, nicht aber rechtfertigen[430].
Eine taugliche Rechtfertigung mag nach wie vor im Anliegen einer Verschonung der Privatsphäre erblickt werden[431], ein zwingender Ausschlussgrund indes ist dies nicht, weil zweifellos die gewinnbringende Veräußerung am Markt einen Übertritt aus der Privatsphäre in jene Erwerbssphäre darstellt, an die eine am

---

[427] Dahingehend die Äußerung von Ondracek (Deutsche Steuer-Gewerkschaft), Öffentliche Anhörung des Finanzausschusses zum StSenkG v. 22.-24.03.2000, Prot. Nr. 57, S. 145; vgl. auch Kanzler, FR 2003, S. 1, 9.

[428] Tipke/Lang, Steuerrecht, 17. Aufl. Köln 2002, § 9 Rn. 50; Möstl, DStR 2003, S. 720, 721.

[429] Möstl, DStR 2003, S. 720, 721; zustimmend Rose, BB 2000, S. 1062.

[430] Möstl, DStR 2003, S. 720, 721 m.w.N.

[431] Bei der Abgrenzung des zu besteuernden Markteinkommens von der steuerfreien Privatsphäre kommt dem Gesetzgeber ein Gestaltungsspielraum zu, der auch die bisherige Verschonung privater Veräußerungsgewinne deckt; weitergehend dazu Kirchhof, in Kirchhof/Söhn, EStG, § 2 Rn. A 8, 113, 665 ff.

Markteinkommen orientierte Einkommensbesteuerung anknüpfen darf[432]. Der steuersystematische Paradigmenwechsel weg vom traditionellen Einkünftedualismus hin zu einer generellen Abschöpfung der durch Veräußerungsgewinne erwirtschafteten Leistungsfähigkeit ist somit gut begründbar[433].

Das Element der generellen steuerlichen Erfassung privater Veräußerungsgewinne kann dem Entwurf zum StVergAbG entnommen werden. Insoweit würde die damit einhergehende Beseitigung des dualistischen Prinzips der Einkünfteermittlung tatsächlich eine Annäherung an das Ideal der synthetischen Einkommensteuer in Gestalt einer Systembereinigung bewirken.
Die Belegung dieser Veräußerungsgewinne mit einem unter dem Belastungsdurchschnitt liegenden niedrigen pauschalen Steuersatz, wie ihn der StVergAbG-E mit 15 % vorsah, ist allerdings als systemfremd abzulehnen. Die Festlegung eines eigenen (niedrigeren) Steuertarifs für die vereinheitlichte Veräußerungsgewinnbesteuerung entspräche dem Modell einer klassischen Schedulensteuer. Die ursprüngliche Annäherung an das synthetische Leitbild würde durch eine solche Maßnahme in ihrer Wirkung beseitigt, der hybride Charakter der Einkommensbesteuerung würde durch ein weiteres Schedulenelement verstärkt. Unter systematischen Gesichtspunkten wäre kein Fortschritt erzielt.

Aus diesem Grund ist auch der Vorschlag *Kanzlers*[434] für eine „einheitliche Veräußerungsgewinnbesteuerung" kritisch zu sehen, der den Weg einer Pauschalsteuer im Sinne des StVergAbG geht. Er knüpft gedanklich an die angelsächsischen Vorbilder der „capital gains tax" an. Zwar hatte schon die Steuerreform-Kommission von 1971 umfangreiche rechtsvergleichende Untersuchungen angestellt und insbesondere eine Besteuerung nach US-amerikanischem Muster erwogen. Allerdings hatte sie sich nach Abwägung der Vorzüge und Nachteile – zu recht - für den Status quo entschieden, weil die Ermittlung der Anschaffungskosten bei Privatpersonen schwierig ist und die Mobilität bei Grundstücken und Wertpapieren im Privatvermögen behindert werden könnte („Lock-In-Effekt"). Die Kommission hielt „es für richtiger und zweckmäßiger, im Rahmen

---

[432] Möstl, DStR 2003, S. 720, 721. Insofern kann der Ansicht Kirchhofs nicht gefolgt werden, der der Forderung nach einer Gleichstellung betrieblicher und privater Veräußerungsvorgänge entgegenhält, dass „dieses Postulat (...) lediglich die Einnahmen oder Einkünfte [vergleicht], aber den Entstehungsgrund der Vermögenszuwächse [vernachlässigt]", vgl. Kirchhof, in: Kirchhof/Söhn, EStG, § 2 Rn. A 113.

[433] Ebenso: Rose, BB 2000, S. 1062; Rose, a.a.O. hält dies in einem auf das Kalenderjahr als Referenzperiode bezogenen Steuersystem für unumgänglich. Seiner Ansicht nach sind i.d.F. die unterschiedlichen Quellen der Einkünfte (Lohn, Veräußerungsgewinn) für die Frage der Besteuerbarkeit unmaßgeblich.

[434] Kanzler, FR 2003, S. 1, 9 mit Verweis auf den ähnlichen Vorschlag Raupachs, in: DStJG Bd. 25 (2002), S. 9, 17.

der bestehenden Einkommensteuersystematik die vorhandenen Einzelregelungen zu verbessern“[435].

Kanzler möchte die tragenden Grundsätze des US-Vorbilds einer capital gains tax abstrahieren und – im Unterschied zum Untersuchungsgegenstand der Steuerreform-Kommission - nicht 1:1 umsetzen. Seines Erachtens schält sich auf diesem Wege ein taugliches Modell der Besteuerung von Veräußerungsgewinnen heraus: Die capital gains tax unterscheidet weder danach, ob betriebliche oder private Veräußerungsgewinne zu besteuern sind noch ob diese bei natürlichen Personen oder Kapitalgesellschaften anfallen. Wie für die Gewinne aus privaten Veräußerungsgeschäften im StVergAbG-E geplant, könnte ein einheitlicher Pauschalsteuersatz gewählt werden, der den Ausgleich von Veräußerungsverlusten im Bereich der Veräußerungsgewinnbesteuerung zuließe oder ihn einschränkte, je nach dem, ob dem spekulativen Charakter von Wertpapiergeschäften Rechnung getragen werden sollte; auch dann aber könnten aktienbedingte Veräußerungsgewinne im Betriebsvermögen und im Privatvermögen gleich behandelt werden. Der durchweg nachteilige Verlustausgleich mit laufenden anderen Einkünften könnte zugelassen oder von einem Wahlrecht abhängig gemacht werden (im Unterschied zur Regelung in § 23 Abs. 3 Satz 7 EStG i.d.F. des StVergAbG-E)[436]. Das Konzept einer einheitlichen Veräußerungsgewinnbesteuerung könnte sich dem Ideal einer rechtsformneutralen Besteuerung für den Bereich der Veräußerungsgewinne stärker annähern, als dies nach geltendem Recht je möglich wäre[437].

Das letztgenannte Argument *Kanzlers*, wonach sich eine einheitliche Veräußerungsgewinnbesteuerung dem Ideal einer rechtsformneutralen Besteuerung annähern könnte, kann sich jede Form einer vereinheitlichten Veräußerungsgewinnbesteuerung zu eigen machen. Das schedulenartige Element eines eigenen Steuertarifs in Gestalt eines niedrigen Pauschalsteuersatzes ist hierfür nicht entscheidend. Allerdings entfernt sich eine einem eigenen Steuertarif unterliegende Veräußerungsgewinnbesteuerung wieder von dem Leitbild einer synthetischen Einkommensteuer und ist daher aus systematischen Gründen abzulehnen.

Diese Sichtweise entspricht auch der eigenen Einschätzung *Kanzlers*. Er sieht den Weg für die Einführung seines vorstehend geschilderten Modells einer einheitlichen Veräußerungsgewinnbesteuerung ebenfalls nur für den Fall frei, dass die Bundesregierung bereit ist, das „Dogma der synthetischen Einkommensteuer

---

[435] Gutachten der Steuerreform-Kommission 1971, Schriftenreihe des BMF, Heft 17, II Tz. 33 f. und 43 ff.; Kanzler, FR 2003, S. 1, 10 Fn. 104.
[436] Kanzler, FR 2003, S. 1, 10.
[437] Kanzler, FR 2003, S. 1, 11.

für den Bereich der privaten Veräußerungsgewinnbesteuerung aufzugeben"[438]. Zwar geht *Kanzler* von einer solchen Bereitschaft aus[439], doch lässt diese Sichtweise außer acht, dass die synthetische Einkommensteuer nicht nur dem deutschen verfassungsrechtlichen Verständnis von Gleichheit immanent ist, sondern dass auch der Steuergesetzgeber mit der Bildung der Summe der Einkünfte in § 2 EStG dem System einer Schedulensteuer nach einhelliger Ansicht eine eindeutige Absage erteilt hat (siehe oben). Solange der Gesetzgeber diese Vorschrift und die damit statuierte Sachgesetzlichkeit nicht ändert, kann von der Aufgabe des vom Bundesverfassungsgericht bestätigten Leitbilds einer synthetischen Einkommensbesteuerung nicht die Rede sein. Etwaige Bereitschaftsbekundungen der Bundesregierung spielen in diesem Zusammenhang keine entscheidende Rolle. Entscheidend ist die tatsächliche Ausgestaltung der einschlägigen steuerrechtlichen Vorschriften sowie deren System- und Verfassungskonformität. Die Änderung der gegenwärtig statuierten Sachgesetzlichkeit einer synthetischen Einkommensbesteuerung hin zu einer Schedulensteuer hätte erhebliche steuersystematische und verfassungsrechtliche Hürden zu nehmen.

Im Ergebnis ist das Modell *Kanzlers* abzulehnen, solange die in § 2 EStG statuierte Sachgesetzlichkeit einer synthetischen Einkommensbesteuerung nicht aufgehoben ist. Aus systematischen Gesichtspunkten zu akzeptieren wäre der Vorschlag *Kanzlers* tatsächlich erst im Falle der ausdrücklichen Aufgabe des Dogmas der synthetischen Einkommensbesteuerung durch den Gesetzgeber.

Gegenwärtig systemkonform wäre lediglich die eingangs geschilderte vereinheitlichte Besteuerung von Veräußerungsgewinnen dergestalt, dass private Veräußerungsgewinne generell erfasst und diese mit den betrieblichen Veräußerungsgewinnen gleichbehandelt werden. Kein Element einer solchen vereinheitlichten Besteuerung von Veräußerungsgewinnen wäre hingegen ein systemfremder eigener niedriger (pauschaler) Steuertarif. Diese Lösung entspräche dem synthetischen Leitbild der Einkommensteuer.

Die hier grundsätzlich anklingende Frage, ob eine Schedulensteuer auf Grundlage der systematischen und verfassungsrechtlichen Vorgaben in Deutschland zu etablieren wäre, stellt sich auch im Zusammenhang mit einem weiteren diskutierten Ansatz zur Reform der Kapitaleinkommensbeteuerung.

---

[438] Kanzler, FR 2003, S. 1, 9 mit Verweis auf den ähnlichen Vorschlag Raupachs, in: DStJG Bd. 25 (2002), S. 9, 17.

[439] Mit der Begründung, dass die Bedenken des Wissenschaftlichen Beirats beim BMF gegen eine Schedulenbesteuerung (siehe Gutachten zur Reform der internationalen Kapitaleinkommensbesteuerung, Schriftenreihe des BMF, Heft 65, Bonn 1999), von der Politik erst gar nicht zur Kenntnis genommen wurden; vgl, Kanzler, a.a.O.

2. Abgeltungssteuer mit Quellenabzug : System einer Schedulensteuer?

War der Einschätzung *Langs*[440] bis dato zuzustimmen, dass die Diskussion einer grundsätzlichen Reform der Besteuerung von Kapitaleinkünften an Deutschland vorbeigegangen ist, so mehren sich in jüngster Zeit die Vorschläge für eine grundlegende Reform. Unter anderem der Vorsitzende des Sachverständigenrats zur Begutachtung der gesamtwirtschaftlichen Entwicklung (sogenannte „Wirtschaftsweise") *Wiegard*[441] spricht sich dafür aus, sich von der synthetischen Einkommensteuer zu verabschieden und stattdessen eine Schedulensteuer einzuführen. In eine Abgeltungsbesteuerung sollen einheitlich Zinsen, Veräußerungsgewinne und Dividenden bei einem Steuersatz von 25 % einbezogen werden. Auch verschiedene Stimmen in der Literatur sehen in der Abgeltungssteuer mit Quellenabzug eine gangbare Alternative[442].

Möglicherweise wäre eine Schedulensteuer unter systematischen Gesichtspunkten tatsächlich die bessere Lösung. Es wäre nur noch zwischen zwei Einkunftsarten zu differenzieren (Dual Income Tax). Die auch im Falle der Einführung des Pauschalsteuerkonzepts auf Grundlage des StVergAbG-E weiterhin bestehenden Abgrenzungsprobleme und Arbitragemöglichkeiten würden stark eingeschränkt. An Stelle einer weiterhin zersplitterten Einkommensteuer[443] würden ein übergreifendes Leitbild und eine daraus abgeleitete Systematik der Besteuerung erkennbar.
Die Einführung einer solchen auch die Veräußerungsgewinne erfassenden Abgeltungssteuer schlagen unter anderem *Suhrbier-Hahn*[444] und *Jachmann*[445] vor[446]. Beide orientieren sich an dem österreichischen System der Endbesteuerung. *Suhrbier-Hahn* führt dazu aus: „Bei der Einführung einer Quellensteuer in Deutschland sollte das österreichische Vorbild[447] beachtet und den Grundsätzen des österreichischen Verfassungsgerichtshofs[448] gefolgt werden. Ferner müsste

[440] Lang, DStJG Bd. 24 (2001), S. 49, 75; Wagner, DB 1999, S. 1520.
[441] Vgl. „Sachverständigenrat schlägt duale Einkommensteuer vor", in: FAZ v. 11.11.2003, S. 13; „Sachverständige attackieren die Finanzpolitik", in: FAZ v. 13.11.2003, S. 15.
[442] Jacob/Vieten, FR 2004, S. 482, 484; kritisch: Hey, DB 2004, S. 724, 729; entsprechende Überlegungen stellte die CSU an: vgl. etwa „CSU fährt nach Kreuth mit eigenem Steuerkonzept", in: FAZ v. 5.01.2004, S. 1, 2.
[443] Jacobs/Schreiber/Spengel/Gutekunst/Lammersen, DB 2003, S. 519, 522.
[444] Suhrbier-Hahn, DStR 2003, S. 354 ff.
[445] Jachmann, BB 2003, S. 2712, 2713.
[446] Ebenso: Jacob/Vieten, FR 2004, S. 482, 484; kritisch: Hey, DB 2004, S. 724, 729, 730.
[447] Österreich hat in 2000 eine Abzugssteuer, die sog. Spekulationsertragsteuer eingeführt; vgl. dazu i.E. Wurmsdobler, StuW 2003, S. 176-187; Suhrbier-Hahn, DStR 2003, S. 354, 357.
[448] Urt. v. 15.03.2000, G 141-150/99-12, ÖStZ 2000, S. 232; siehe dazu auch Ehrke, IStR 2000, S. 679; Suhrbier-Hahn, DStR 2003, S. 354, 357 f.

die Einführung einer Abgeltungssteuer für Spekulationsgewinne mit einer Steueramnestie verknüpft werden“[449].

Anlass für diese Überlegungen war der Vorlagebeschluss des BFH vom 16. Juli 2002 zum Bundesverfassungsgericht und die – durch das zwischenzeitlich ergangene Urteil als zutreffend bestätigte - Einschätzung, dass sich das Bundesverfassungsgericht der Argumentation des BFH anschließen würde. Nach Auffassung von *Suhrbier-Hahn* ist eine Neuordnung der Besteuerung privater Veräußerungsgeschäfte durch den Gesetzgeber erforderlich geworden. Sie führt aus, dass im Hinblick darauf, dass die direkten Steuern in Europa nicht harmonisiert sind und Deutschland somit in einem Steuerwettbewerb mit den anderen Staaten steht und es gilt, eine Kapitalflucht auf Grund einer Besteuerung der Spekulationsgewinne zu vermeiden, die Einführung einer Quellenbesteuerung mit Abgeltungswirkung die sinnvollste Lösung zur Sicherstellung der Besteuerung von Spekulationsgewinnen sei. Mit einer Abgeltungssteuer werde zudem dem Verifikationserfordernis Rechnung getragen, denn die Steuererhebung erfolgt unmittelbar an der Quelle im Zeitpunkt der Verwirklichung des Steuertatbestandes[450].

Auch andere Autoren sehen ein Schedulensystem im Vorteil. So sieht *Rose*[451] Deutschland im internationalen Wettbewerb der Steuersysteme mehr und mehr verlieren. Er verweist auf das Beispiel der nordischen Länder, die „von dem traditionellen Konzept der einheitlichen und damit ineffizienten wie auch unfairen Besteuerung von Arbeitseinkommen und Kapitaleinkommen Abschied genommen haben und ein duales System der Einkommensbesteuerung mit einer tariflichen Begünstigung der Kapitaleinkommen eingeführt haben“. Damit werde die Doppelbesteuerung von Kapitaleinkommen zwar nicht beseitigt, aber maßgeblich gemildert.

Eine Abgeltungssteuer für Kapitaleinkünfte wäre – ob begrüßenswert oder nicht – eine weitere Entwicklung zu dem System einer Schedulensteuer, in dem die einzelnen Einkunftsquellen und die Einkünfte daraus separiert und unterschiedlichen Rechtsfolgen (Tarifen) unterworfen werden[452].

Der Frage, ob ein Schedulensystem in Deutschland verfassungsrechtlichen Maßstäben genügen kann, musste sich das Bundesverfassungsgericht bislang noch

---

[449] Suhrbier-Hahn, DStR 2003, S. 354, 361.
[450] Suhrbier-Hahn, DStR 2003, S. 354, 360; ebenso: Jachmann, BB 2003, S. 2712, 2713.
[451] Rose, BB 1996, S. 1085, 1090.
[452] Scheurle, DB 1995, S. 543 ff.; Jachmann, BB 2003, S. 2712, 2715; vor den Risiken warnend: Hey, DB 2004, S. 724, 729, 730.

nicht stellen[453]. Allerdings können unter anderem aus der jüngeren BFH-Rechtsprechung Rückschlüsse gezogen werden.

In seinem Beschluss vom 11. Juni 2003[454] zu § 32c EStG äußert sich der IV. Senat wie folgt: „Indessen spricht vieles dafür, dass die Einfügung des § 32c Abs. 2 Satz 2 Nr. 2 EStG i.d.F. des StEntlG 1999/2000/2002, demzufolge die dem Organträger im Rahmen einer körperschaftsteuerlichen Organschaft zugerechneten Einkommen oder Einkommensteile nicht in die Tarifbegünstigung einbezogen wurden, gegen das Gleichheitsgebot des Art. 3 Abs. 1 GG verstieß. Zwar hat der Gesetzgeber bei der Auswahl des Steuergegenstandes und bei der Bestimmung des Steuersatzes einen weitreichenden Entscheidungsspielraum, jedoch muss er unter dem Gebot möglichst gleichmäßiger Belastung aller Steuerpflichtigen bei der Ausgestaltung des möglichen Ausgangstatbestandes die einmal getroffene Belastungsentscheidung folgerichtig im Sinne der Belastungsgleichheit umsetzen[455]. Ausnahmen von einer solchen folgerichtigen Umsetzung bedürfen - insbesondere im Einkommensteuerrecht - eines besonderen sachlichen Grundes[456]".
Kernaussage dieser Entscheidung ist, dass die Systemwidrigkeit einer Regelung einen Gleichheitsverstoß und damit deren Verfassungswidrigkeit bewirkt. Zweifelhaft ist allerdings, ob man daraus eine Absage an ein Schedulensystem ableiten kann.

Maßstab für die Beurteilung der Frage nach der Systemwidrigkeit einer Regelung ist das (jeweilige) dem Einkommensteuerrecht zugrundeliegende System. Basiert das Einkommensteuerrecht nicht auf einem Schedulensystem, so sind Elemente einer Schedulensteuer systemwidrig und damit verfassungswidrig. Denn der Gesetzgeber ist gehalten, die einmal getroffene Belastungsentscheidung folgerichtig im Sinne der Belastungsgleichheit umzusetzen. Ausnahmen von einer solchen folgerichtigen Umsetzung bedürfen eines besonderen sachlichen Grundes.

---

453 Kanzler, FR 1999, S. 363 ff.
454 BFH, Beschl. v. 11.06.2003, IV B 47/03; DStR 2003, S. 1251, 1252; so bereits in BFH, Beschl. v. 24.02.1999, X R 171/96, BStBl. II 1999, S. 450, 459; vgl. auch Faltlhauser, Die Verlockungen der Schedule, in: FS für Wolfgang Ritter, Köln 1997, S. 511, 515.
455 So bereits das BVerfG im sog. „Zinsurteil", BVerfG v. 27.06.1991, 2 BvR 1493/89, BVerfGE 84, S. 239; vgl. auch Bachem, in Bordewin/Brandt, Kommentar zum EStG, § 2 Rn. 13; Bachem schreibt a.a.O., dass die Systemwidrigkeit einer Regelung ein Indiz für deren Verfassungswidrigkeit sein kann.
456 Ständige Rechtsprechung des BVerfG, zuletzt Beschl. v. 4.12.2002, 2 BvR 400/98, 2 BvR 1735/00, DStR 2003, S. 633-636, „Doppelte Haushaltsführung", m.w.N.

Jachmann sieht eine Abgeltungssteuer im synthetischen Einkommensteuersystem sachlich als dadurch gerechtfertigt an, dass sie die trotz Quellensteuer auch bei inländischen Kapitalerträgen noch bestehenden Erhebungsdefizite verringert, räumt aber zugleich ein, dass die Abgeltungssteuer nicht verhindern kann, dass bei mangelnder Deklaration die unter Umständen zu niedrige Quellenbesteuerung definitiv wird[457].

Die zitierte Entscheidung des IV. Senats des BFH vom 11. Juni 2003 ist im Zusammenhang mit einem ebenfalls zu § 32c EStG ergangenen Beschluss des X. Senats des BFH vom 24. Februar 1999[458] zu sehen. Darin legt der BFH konkretisierend dar, dass die Privilegierung einer bestimmten Einkunftsart vom Ordnungsprinzip der synthetischen Einkommensteuer abweicht und somit gegen den Gleichheitssatz des Art. 3 Abs. 1 GG verstößt. Der Vorwurf lautet, § 32c EStG verstoße gegen das System des deutschen Steuerrechts. Durch § 32c EStG werde das Prinzip der einheitlichen Besteuerung des Gesamteinkommens aufgegeben und in eine Schedulenbesteuerung übergeleitet[459].

Dazu führt der BFH im Einzelnen aus: „§ 32c EStG benachteiligt ohne sachlich zureichenden Grund gewerbliche Beteiligungseinkünfte gegenüber solchen gewerblichen Einkünften, die unmittelbar beim Bezieher der Gewerbesteuer unterlegen haben. Die durch die Abweichung vom Ordnungsprinzip der synthetischen Einkommensteuer indizierte Ungleichbehandlung verstößt gegen das Gleichheitsgebot des Art. 3 Abs. 1 GG, weil eine Belastung mit Gewerbesteuer bereits durch deren Abzug als Betriebsausgabe berücksichtigt wird. Die für die Besteuerung vorausgesetzte wirtschaftliche Leistungsfähigkeit wird nach näherer Maßgabe des durch § 2 EStG vorgegebenen Grundschemas quantifiziert. Mit der Bildung der „Summe der Einkünfte" (§ 2 Abs. 3 EStG) trifft das EStG eine grundsätzliche Entscheidung gegen eine nach Einkunftsarten differenzierende sogenannte Schedulensteuer. Indem das Einkommensteuergesetz die Einkünfte zu einer Summe – synthetisch – zusammenfügt (§ 2 Abs. 1 und 2 EStG), hat es eine grundlegende steuerliche Sachgesetzlichkeit statuiert".

Daraus geht hervor, dass der Einkommensteuergesetzgeber eine Grundentscheidung für eine synthetische Einkommensbesteuerung und gegen eine Schedulensteuer getroffen hat. Mit einer Abgeltungssteuer erfahren demgegenüber Ka-

[457] Jachmann, BB 2003, S. 2712, 2716 Fn. 21.
[458] BFH, Beschl. v. 24.02.1999, X R 171/96, BStBl. II 1999, S. 450, 459; BFH, Urt. v. 14.12.1999, IX R 23/99, BFH/NV 2000, S. 831; vgl. dazu BFH, Urt. v. 11.06.2003, IV B 47/03, DStR 2003, S. 1251 (ebenfalls zu § 32c EStG).
[459] Faltlhauser, Die Verlockungen der Schedule, in: FS für Wolfgang Ritter, Köln 1997, S. 511, 515.

pitaleinkünfte eine Sonderbehandlung[460]. Systemwidrige Elemente – hier also Schedulenelemente – sind vorbehaltlich eines sachlichen Rechtfertigungsgrundes jedoch verfassungswidrig. Änderte der Gesetzgeber nun diese Grundentscheidung für eine synthetische Einkommensteuer und führte er stattdessen ein Schedulensystem ein, so wäre mit der gleichen Konsequenz das Schedulenmodell als Maßstab für die Frage nach der Systemkonformität heranzuziehen. Mithin wären Elemente einer synthetischen Einkommensteuer systemwidrig und – vorbehaltlich des Fehlens einer sachlichen Rechtfertigung – verfassungswidrig. Dies kann in einer Zusammenschau den Entscheidungen des BFH vom 24. Februar 1999 und vom 11. Juni 2003 entnommen werden.

Nicht entnommen werden kann den Ausführungen des IV. und des X. Senats, ob der Gesetzgeber durch das Verfassungsrecht gehindert wäre, seine Grundentscheidung für ein bestimmtes System zu ändern. Allenfalls als Indiz für eine solche Befugnis kann herangezogen werden, dass nach dem X. Senat des BFH der Gesetzgeber einen weitreichenden Entscheidungsspielraum „bei der Auswahl des Steuergegenstandes und bei der Bestimmung des Steuersatzes" hat. Auch der Halbteilungsgrundsatz des 2. Senats des Bundesverfassungsgerichts[461] könnte durchaus dafür sprechen, dass die Verfassungsmäßigkeit einer Steuer an der Gesamtbelastung des Steuerpflichtigen im Vergleich zu anderen Steuerpflichtigen zu messen sei[462].

In Deutschland war eine Abgeltungssteuer auf Kapitalerträge bereits unmittelbar nach dem Zinsurteil des Bundesverfassungsgerichts von 1991[463] diskutiert worden[464]. Hinweise auf die Zulässigkeit von Differenzierungen nach Schedulen lassen sich dieser Entscheidung zur Zinsbesteuerung entnehmen[465]. Dort heißt es, der Gesetzgeber habe zwar bei der Auswahl des Steuergegenstandes und bei der Bestimmung des Steuersatzes einen weitreichenden Entscheidungsspielraum; bei der Ausgestaltung dieses Ausgangstatbestandes habe er aber die einmal getroffene Belastungsentscheidung folgerichtig im Sinne der Belastungsgleichheit umzusetzen. Es bliebe auch im Rahmen des gesetzgeberischen Einschätzungsspielraums, wenn der Gesetzgeber die ihrer Natur nach nicht einer bestimmten Person zugeordnete und geographisch nicht gebundene Erwerbsgrundlage „Finanzkapital" dadurch erfasste, dass er alle Kapitaleinkünfte an der Quelle besteuert und mit einer Definitivsteuer belastet, die in einem linearen

---

[460] Jachmann, BB 2003, S. 2712, 2715.
[461] BVerfG, Beschl. v. 22.06.1995, BVerfGE 93, S. 121.
[462] Kanzler, FR 1999, S. 363 ff.; ausführlich zum Halbteilungsgrundsatz: Butzer, StuW 1999, S. 227 ff.
[463] BVerfG v. 27.06.1991, 2 BvR 1493/89, BVerfGE 84, S. 239.
[464] Dazu Nachweise bei: Jachmann, BB 2003, S. 2712, 2713.
[465] Kanzler, FR 1999, S. 363 ff.

Satz den absetzbaren Aufwand und den Progressionssatz in Durchschnittswerten typisiert.

Auslöser der Aussagen des Bundesverfassungsgerichts zu einer „Definitivsteuer“ auf Kapitalerträge war die Feststellung des Gerichts, dass eine Steuerbelastung, die nahezu allein auf der Erklärungsbereitschaft eines Steuerpflichtigen beruht, weil die Erhebungsregelungen Kontrollen der Steuererklärung weitgehend ausschließen, nicht mehr alle treffe. Damit verfehle sie die steuerliche Lastengleichheit. Der Gesetzgeber müsse daher die Steuerehrlichkeit der Steuerpflichtigen „durch hinreichende, die steuerliche Belastungsgleichheit gewährleistende Kontrollmöglichkeiten abstützen“. Im Veranlagungsverfahren bedürfe das Deklarationsprinzip der Ergänzung durch das Verifikationsprinzip[466].

Diese Argumentation hatten auch der BFH in seinem Vorlagebeschluss vom 16. Juli 2002[467] und das Bundesverfassungsgericht in seinem darauf ergangenen Urteil vom 9. März 2004 aufgenommen. Nach der in dieser Entscheidung geäußerten Auffassung des Bundesverfassungsgerichts bietet die Quellensteuer die wirksamste Form der gegenwartsnahen Steuererhebung. In dem vorangegangenen – auch von *Suhrbier-Hahn* in bezug genommenen - Vorlagebeschluss des BFH hält der IX. Senat es jedoch selbst für unwahrscheinlich, dass es zur Einführung einer Quellenbesteuerung kommt und verwirft diesen Ansatz. Zur Begründung verweist der IX. Senat auf die bewusste Entscheidung des Gesetzgebers gegen die Einführung einer Quellenbesteuerung bei Zinserträgen nach dem Zinsurteil des Bundesverfassungsgerichts im Jahre 1991. Wie bereits festgestellt wurde, ist auch nicht anzunehmen, dass der Gesetzgeber der mit Urteil vom 9. März ausgesprochenen neuerlichen Empfehlung des Bundesverfassungsgerichts zur Einführung einer Quellensteuer auf private Veräußerungseinkünfte Folge leisten wird, zumal auch die sachliche Eignung des Quellenabzugsverfahrens für derartige Gewinne zu verneinen ist[468].

Auch der Argumentation, mit der Quellenbesteuerung würde dem Verifikationserfordernis besser Rechnung getragen, begegnen erhebliche Bedenken. Eine Abgeltungssteuer, so wurde bereits bei der Neuordnung der Zinsbesteuerung argumentiert, erfülle die Vorgaben des Bundesverfassungsgerichts für eine Verifikation besser als der Zinsabschlag, denn bereits an der Quelle werde von den Zinsen die volle Einkommensteuer erhoben. Demgegenüber sei der Fiskus im Rahmen des Zinsabschlags als anrechenbarer Steuerabzug mit Vorauszahlungs-

---

466 Scheurle, DB 1995, S. 543 ff.

467 BFH, Beschl. v. 16.07.2002, IX R 62/99, FR 2002, S. 1283, wobei der BFH a.a.O. die Einführung einer Quellensteuer für gänzlich unwahrscheinlich hält.

468 Hey, DB 2004, S. 724, 729; Kraft/Bäuml, FR 2004, S. 443, 444; Kraft/Bäuml, DB 2004, S. 615, 618.

charakter nach wie vor darauf angewiesen, dass die Steuerpflichtigen ihre Kapitalerträge in der Steuererklärung angeben[469].

Dieses Argument für eine Abgeltungssteuer überzeugt nicht[470]. Auch *Suhrbier-Hahn* hält es (zu recht) für „nicht zumutbar, dass das Kreditinstitut zunächst erst beim Steuerpflichtigen nachfragen müsste" und folgert daraus, dass man deshalb die Quellenbesteuerung nur auf Spekulationserträge erstrecken dürfte, bei denen die Kreditinstitute unmittelbar involviert sind[471]. Bedeutende Verifikationslücken werden auf diesem Wege aber auch durch einen Systemwechsel nicht geschlossen[472]. Damit ist auch der von *Jachmann*[473] angeführte sachliche Rechtfertigungsgrund für eine Abgeltungssteuer innerhalb eines synthetischen Systems nicht gegeben. Diese Einschätzung wird letztlich durch ihre eigenen Ausführungen bestätigt, wonach die Abgeltungssteuer nicht verhindern kann, dass bei mangelnder Deklaration die unter Umständen zu niedrige Quellenbesteuerung definitiv wird.

Im Übrigen könnten Erträge aus der Veräußerung von Wertpapieren in ausländischen Depots auch im Rahmen eines Abgeltungssystems hinterzogen werden[474]. Der Fiskus wäre nach wie vor darauf angewiesen, dass die im Ausland erzielten Erträge in der Steuererklärung angegeben werden. Eine Einbeziehung dieser Erträge ist nicht von einem Systemwechsel zu einer Abgeltungssteuer abhängig[475]. Wenn eine duale Einkommensteuer ihre innere Legitimation aber nicht aus der Lösung der Erhebungsdefizite bezieht, ist zweifelhaft, ob die mit ihr verbundene Ungleichbehandlung von Kapital- und Arbeitseinkommen vor Art. 3 Abs. 1 GG zu rechtfertigen ist[476].

---

[469] Zwar entfiele durch die Einführung eines Abgeltungssystems eine Verifikationslücke des Zinsabschlags, bei dem lediglich die Besteuerung des Steuerabzugs in Höhe des Steuerabzugs sichergestellt ist: Steuerpflichtige mit einem höheren Steuersatz über dem KapSt.-Tarif könnten eine zutreffende Besteuerung umgehen, indem sie den Steuerabzug hinnehmen, die Kapitalerträge aber nicht in der Steuererklärung angeben. Dies wäre im Rahmen einer Abgeltungssteuer nicht mehr möglich (bzw. erforderlich), weil der ESt.-Satz, mit dem die Kapitalerträge zu versteuern sind, einheitlich auf den KapSt.-Tarif abgesenkt würde; vgl. Scheurle, Vom Zinsabschlag zur Abgeltungssteuer-Aspekte eines Systemwechsels, DB 1995, S. 543 ff.

[470] Scheurle, DB 1995, S. 543 ff.

[471] Suhrbier-Hahn, DStR 2003, S. 354, 359.

[472] So auch Hey, DB 2004, S. 724, 729.

[473] Jachmann, BB 2003, S. 2712, 2716 Fn. 21.

[474] Ähnlich: Hey, DB 2004, S. 724, 729.

[475] Ähnlich bereits zur Zinsabschlagsteuer: Scheurle, DB 1995, S. 543 ff.

[476] Hey, DB 2004, S. 724, 730.

Andererseits zeigen die Ausführungen des Bundesverfassungsgerichts, dass eine Abgeltungssteuer nicht grundsätzlich verfassungswidrig wäre[477]. Auch *Jachmann* ist der Ansicht, dass es in der Gestaltungsfreiheit des Gesetzgebers liege, die Abgeltungssteuer einem flächendeckenden Berichtssystem vorzuziehen, unabhängig davon, ob und wie ein solches Berichtssystem effektiv und zugleich verfassungskonform auszugestalten wäre[478]. Festzuhalten ist, dass das Verifikationsprinzip selbst jedenfalls keinen Systemwechsel zu einer Abgeltungssteuer erfordert[479].

Demnach steht Art. 3 Abs. 1 GG dem Vorhaben einer Abgeltungssteuer zwar nicht per se entgegen[480]. Doch entfaltet er wichtige Maßgaben, die die politische Durchsetzbarkeit des Vorhabens erheblich erschweren dürften. Denn auch eine Besteuerung von Wertpapierveräußerungsgewinnen wäre trotz Quellenabzug verfassungswidrig, wenn ihre gleichmäßige Durchsetzung – mangels effektiver Kontrollmöglichkeiten – nicht gewährleistet wäre. Unverzichtbar ist daher eine flankierende Lockerung des Bankgeheimnisses, wie es auch der zuletzt gescheiterte Gesetzentwurf zum StVergAbG vorsah, was die politische Durchsetzbarkeit des Vorhabens aber sicherlich zusätzlich erschwert hat[481], aber den in den skandinavischen Staaten gemachten Erfahrungen Rechnung tragen würde[482].

Selbst wenn man davon ausginge, dass der Ansatz *Jachmanns*[483], wonach auch im Falle der Beibehaltung eines synthetischen Systems der Einkommensbesteuerung eine Abgeltungssteuer gerechtfertigt werden könnte, zutreffend ist, ist er in der Konsequenz dennoch abzulehnen. Die Einführung einer Abgeltungssteuer hätte zur Folge, dass der ohnehin kaum ein systematisches Leitbild mehr erkennen lassende hybride Charakter des gegenwärtigen Einkommensteuergesetzes verstärkt würde. Je schedulenhafter ein Steuersystem jedoch konzipiert ist, desto weniger entspricht es dem Gebot der Allokationsneutralität und dem Gebot der Gleichheit der Besteuerung.

Festzuhalten bleibt, dass eine Schedulenbesteuerung voraussichtlich nicht verfassungswidrig wäre, wie die Ausführungen des Bundesverfassungsgerichts zu einer Definitivsteuer belegen[484], obwohl selbst die Befürworter einer Abgel-

---

[477] So auch Jachmann, BB 2003, S. 2712, 2716.
[478] Jachmann, BB 2003, S. 2712, 2716.
[479] Scheurle, DB 1995, S. 543 ff.
[480] Zustimmend: Jachmann, BB 2003, S. 2712, 2716.
[481] Möstl, DStR 2003, S. 720, 723.
[482] Hey, DB 2004, S. 724, 730.
[483] Jachmann, BB 2003, S. 2712, 2716.
[484] Wie auch bei der Zinsabschlagsteuer, vgl. dazu Scheurle, DB 1995, S. 543 ff.

tungssteuer aus Gründen der Gleichmäßigkeit der Besteuerung eine Quellenbesteuerung ohne Abgeltungswirkung als geboten ansehen[485].

Eine Systemdurchbrechung durch eine Abgeltungssteuer würde jedoch zu steuerrechtssystematischen Problemen und zu einer weiteren Verkomplizierung des Steuerrechts führen[486]. Ein übergeordnetes Leitbild der Besteuerung würde nicht erkennbar. Vielmehr würde die kaum mehr erkennbare systematische Grundkonzeption des Einkommensteuergesetzes zunehmend verwässert. Eine Abgeltungssteuer brächte auch keinen echten Verifikationsvorsprung, entscheidende Verifikationslücken würden nicht geschlossen, Probleme bei der Erfassung von Veräußerungserträgen (z.B. aus Finanzinnovationen) nicht beseitigt. Ebenso wenig kann eine Abgeltungssteuer für sich in Anspruch nehmen, zu mehr Steuergerechtigkeit oder zu einem Rückfluss des im Ausland angelegten Kapitalvermögens zu führen.

Der Einführung einer Definitivsteuer stehen daher erhebliche verfassungsrechtliche, steuerrechtssystematische und technische Probleme gegenüber, die mit einem solchen Abgeltungssystem verbunden wären[487]. Im Ergebnis ist ein Übergang zur Schedulenbesteuerung abzulehnen[488]. Dies entspricht auch dem von *Lang*[489] gefundenen Ergebnis, wonach das vom deutschen Verfassungsrecht geprägte steuerrechtswissenschaftliche Verständnis Lösungen in Gestalt einer nicht progressiven Endbesteuerung (z.B. Dual Income Tax; österreichische Endbesteuerung von Zinsen) verbietet[490].

3. Fazit

Um den Anforderungen des BFH und des Bundesverfassungsgerichts an eine gleichmäßige Besteuerung zu genügen, wäre neben der Abschaffung des § 30a AO die vollständige steuerliche Gleichstellung der betrieblichen und privaten

---

485 Insofern widersprüchlich: Suhrbier-Hahn, DStR 2003, S. 354, 359.

486 Hey, DB 2004, S. 724, 729, 730; zur entsprechenden Problematik bei der Zinsabschlagsteuer: Scheurle, DB 1995, S. 543 ff.

487 Vgl. dazu jüngst Kirchhof, in: FAZ v. 14.11.2003, S. 15 „Duale Einkommensteuer stößt bei Fachleuten auf Kritik"; Kirchhof äußert a.a.O. „Verfassungsbedenken bei dualer Einkommensbesteuerung"; siehe auch Scheurle, Vom Zinsabschlag zur Abgeltungssteuer-Aspekte eines Systemwechsels, DB 1995, S. 543 ff.; die von Scheurle a.a.O. angesprochenen Probleme einer Abgeltungssteuer für Zinserträge lassen sich weitestgehend auf die Veräußerungsgewinnbesteuerung übertragen; Hey, DB 2004, S. 724, 730.

488 Faltlhauser, Die Verlockungen der Schedule, in: FS für Wolfgang Ritter, Köln 1997, S. 511, 516, 517; Scheurle, DB 1995, S. 543 ff.

489 Lang, DStJG Bd. 24 (2001), S. 49, 74.

490 Die CSU hingegen plant einen linear-progressiven Tarif.

Veräußerungsgeschäfte unumgänglich. Damit würde das Leitbild der synthetischen Einkommensteuer wieder erkennbar.

Die grundrechtlich geschützte Privatsphäre würde durch einen derartigen steuersystematischen Paradigmenwechsel nicht verletzt, denn erfasst würde weiterhin nur das marktoffenbare Einkommen. Auch dem Erfordernis der Besteuerung nach der Leistungsfähigkeit würde eine einheitliche Erfassung der Veräußerungsgewinne Rechnung tragen. Dieser Systembereinigung wären auch realistische politische Erfolgschancen beizumessen.

Der Einführung einer Schedulensteuer (Abgeltungssteuer mit Definitivsteuersatz), wie sie von *Suhrbier-Hahn, Jachmann, Jacob/Vieten* und *Wiegard* vorgeschlagen wurde, stehen erhebliche verfassungsrechtliche, steuerrechtssystematische und technische Bedenken entgegen. Im Ergebnis ist ein Übergang zur Schedulenbesteuerung abzulehnen[491]. Unter anderem auch deshalb, weil ein Verifikationsgewinn im Bereich der privaten Veräußerungsgeschäfte aller Voraussicht nach nicht im System angelegt ist[492]. Dies entspricht auch dem von *Lang* gefundenen Ergebnis, wonach das vom deutschen Verfassungsrecht (insbesondere Art. 3 Abs. 1 GG) geprägte steuerrechtswissenschaftliche Verständnis Lösungen in Gestalt einer nicht progressiven Endbesteuerung verbietet.

Das deutsche Verständnis von Gleichheit macht eine synthetische Ausgestaltung der Einkommensteuer und eine Besteuerung nach der wirtschaftlichen Leistungsfähigkeit unumgänglich. Diese Vorgaben werden in den Vorschlägen von *Paul Kirchhof* und *Manfred Rose* berücksichtigt.

II. Konzeptionelle Alternativen

Die Reformen der jüngeren Vergangenheit beschränkten sich auf Einzelmaßnahmen: Die Streichung von Subventionen und Ausnahmetatbeständen im Steuervergünstigungsabbaugesetz[493] war nicht aufkommensneutral mit einer Senkung des Steuersatzes verbunden, sondern diente lediglich dazu, den Haushalt zu konsolidieren[494]. Das Vorziehen der dritten Stufe der Steuerreform entlastet zwar zahlreiche Steuerzahler, beseitigt jedoch nicht die strukturellen, systemati-

---

[491] Jedenfalls soweit keine progressive Besteuerung vorgesehen ist, die dem Leistungsfähigkeitsprinzip Rechnung trägt.

[492] So auch Hey, DB 2004, S. 724, 728.

[493] Gesetz zum Abbau von Steuervergünstigungen und Ausnahmeregelungen vom 16.05.2003, BGBl. I 2003, S. 660.

[494] Kirchhof, DStR 2003, Heft 37, Beihefter 5, S. 1.

schen und sprachlichen Mängel[495]. Hierfür ist eine umfassende Reform erforderlich.

Sollte die historische Stunde einer parteiübergreifenden Bereitschaft zu einer großen Steuerreform kommen und diese genutzt werden, so wäre deren Grundrichtung durch die Diskussion der Vergangenheit bereits determiniert: Reduzierung der Lenkungs- und Ausnahmetatbestände und damit einhergehend eine (radikale) Vereinfachung des Steuersystems.

Wie festgestellt wurde[496], verbietet das vom deutschen Verfassungsrecht geprägte steuerrechtswissenschaftliche Verständnis Lösungen einer nicht progressiven Endbesteuerung nach dem Modell der Schedulensteuer. Auch sind weitere Elemente einer Schedulensteuer im ohnehin hybriden Einkommensteuersystem aus systematischen Gründen abzulehnen. Daher stellt sich der deutschen Steuerrechtswissenschaft die Aufgabe, einerseits die internationale Wettbewerbsfähigkeit im Blickfeld zu behalten, jedoch andererseits die Investitionsbesteuerung so fortzuentwickeln, dass das Ziel einer gleichmäßigen Belastung aller Steuerzahler durch ein synthetisches System der progressiven Besteuerung von Einkommen möglichst erreicht wird[497].

Zur Debatte stehen zwei konkurrierende Steuersystemkonzepte – einerseits das traditionelle Leitbild der am Kalenderjahr orientierten und jeglichen periodischen Vermögenszuwachs erfassenden einkommensbasierten Besteuerung, andererseits das an einer lebenszeitlichen Sichtweise orientierte Leitbild, nach dem der Lebenskonsum der Bürger nur einmalig belastet werden soll. Diese werden exemplarisch auf Grundlage der Reformkonzepte des Juristen *Paul Kirchhof* bzw. des Ökonomen *Manfred Rose* dargestellt und anhand der aufgestellten systematischen und verfassungsrechtlichen Maßgaben beurteilt.

1. Der „Karlsruher Entwurf" von Paul Kirchhof

Der Karlsruher Entwurf beinhaltet nach Angaben der Verfasser das Konzept einer einfachen und systematischen Einkommensteuer. Der Reformentwurf wurde seit seiner Vorstellung umfassend diskutiert und unterliegt einer dauernden Überarbeitung. Auf die Diskussion in ihrer ganzen Breite ist hier nicht einzugehen. Vielmehr beschränkt sich die folgende Darstellung auf die Analyse der Bedeutung des Karlsruher Entwurfs für die Besteuerung privater Veräußerungsgeschäfte auf Grundlage der gefundenen systematischen und verfassungsrechtlichen Kriterien. Zur allgemeinen und teilweise recht kontroversen Diskussion sei

---

[495] Kirchhof, DStR 2003, Heft 37, Beihefter 5, S. 1.
[496] Vgl. bspw. Lang, DStJG Bd. 24 (2001), S. 49, 74.
[497] Lang, DStJG Bd. 24 (2001), S. 49, 74.

nur ein Zitat von *Wassermeyer*[498] wiedergegeben: „Wenn der CDU-Politiker *Merz* Grundideen des Entwurfs wenige Tage vor dessen Veröffentlichung für die CDU reklamiert, so berührt dies die Frage nach dem eigentlichen Vater der Idee[499]. Wenn die Abgeordnete der Grünen *Scheel* darauf ebenso heftig wie ablehnend reagiert[500], so übersieht sie, in welchem Zustand sich unser heutiges Einkommensteuerrecht befindet".

a. Hintergrund

Ein Arbeitskreis[501], bestehend aus Steuerwissenschaftlern und Steuerpraktikern unter Leitung des ehemaligen Richters am Bundesverfassungsgericht *Kirchhof*, hat am 9. Mai 2001 den Karlsruher Entwurf zur Reform des Einkommensteuergesetzes vorgestellt[502]. Ziel des Reformvorhabens ist es, einen einfachen und systematischen Entwurf eines Einkommensteuergesetzes vorzulegen, in dem die rechtfertigenden Gründe für eine Steuerbelastung für jedermann bewusst werden, die Belastungsprinzipien allgemein verständlich sind und die Einkommensteuer wieder zu ihrer Grundfunktion, der Stärkung des Staatshaushalts, zurückkehrt[503]. Der Entwurf schlägt hierzu eine von allen Ausnahmetatbeständen entlastete Einkommensteuer vor, die dem Steuerpflichtigen die freie Verfügung über sein Vermögen zurückgibt. Der Entwurf erfährt eine ständige Erweiterung und Überarbeitung und wurde zu einem Einkommensteuergesetzbuch (EStGB) fortentwickelt[504].

Der Karlsruher Arbeitskreis erachtet die Reform als notwendig, da das mit Verfremdungs- und Lenkungstatbeständen überfrachtete Einkommensteuergesetz die Freiheit des Steuerpflichtigen und die Gleichheit der Steuerlast gefährde. Wenn die tatsächliche Steuerbelastung nicht nur vom erwerbswirtschaftlichen Erfolg des Steuerpflichtigen abhänge, sondern von seinem Gestaltungsge-

---

[498] Wassermeyer, DStR 2001, S. 920, 924.
[499] Wassermeyer, DStR 2001, S. 920, 924.
[500] FAZ v. 08.05.2001, S. 17 „Grüne gegen den Steuerplan von Merz".
[501] Mitglieder des sog. „Karlsruher Arbeitskreises" sind: Paul Kirchhof, Klaus Altehoefer, Hans-Wolfgang Arndt, Peter Bareis, Gottfried Eckmann, Reinhart Freudenberg, Meinert Hahnemann, Dieter Kopei, Friedbert Lang, Josef Lückhardt und Ernst Schutter.
[502] Vgl. Kirchhof u.a., Karlsruher Entwurf zur Reform des Einkommensteuergesetzes, Heidelberg 2001; in Auszügen auch abgedruckt in DStR 2001, S. 917-920; sowie Kirchhof, DStR 2001, S. 913-917.
[503] Kirchhof, DStR 2001, S. 913; vgl. auch Kirchhof, StuW 2002, S. 3, 8: nicht angestrebt wird eine–i.Ü. nicht erreichbare-Steuerneutralität in dem Verständnis, dass der steuerliche Eingriff ohne willensbeeinflussende Wirkung beim Steuerpflichtigen bleibt. Dass der Entwurf eine solche Steuerneutralität anstrebe unterstellt wiederum Wagner in StuW 2001, S. 354, 356.
[504] Kirchhof, DStR 2003, Heft 37, Beihefter 5, S. 1.

schick und seiner Offenheit für Lenkungsanreize, werde die Steuerlast nicht mehr nach dem jeweiligen Einkommen bestimmt, sondern von der Bereitschaft zum Freiheitsverzicht[505]. Auch hindere ein in sich widersprüchliches Steuergesetz den Steuerpflichtigen, seine Steuererklärungspflichten ordnungsgemäß zu erfüllen[506].

Nach Auffassung des Arbeitskreises lässt sich die von ihm erarbeitete Neukonzeption des Einkommensteuerrechts weitgehend aufkommensneutral umsetzen. Die Verfasser errechnen für das sogenannte Entstehungsjahr eine Steuerentlastung von rund 6,3 Milliarden €, nehmen aber an, dass diese Finanzierungslücke durch das aus der vorgeschlagenen Aufhebung des Bankgeheimnisses (§ 30a AO) zu erwartende Mehraufkommen mindestens ausgeglichen wird[507].

b. Kerngedanken des Reformentwurfs

Der Karlsruher Entwurf stellt – nach Angabe der Verfasser - eine Rückbesinnung auf den Grundgedanken einer Einkommensbesteuerung dar, nämlich die angemessene Teilhabe der öffentlichen Hand am Erwerbserfolg privater Wirtschaftssubjekte zur Erzielung von Staatseinnahmen[508]. Die Einkommensteuer rechtfertigt sich aus der Mitwirkung der vom Staat repräsentierten Rechtsgemeinschaft beim Entstehen individuellen Einkommens. Deswegen sollen der Einkommensteuer lediglich die am Markt erzielten Erwerbseinnahmen unterliegen, die der Bezieher des Einkommens dank des vorhandenen Marktes, des geltenden Rechts und der Kulturleistungen des Staates erwirtschaften konnte[509]. Insbesondere im Hinblick auf ausländische Unternehmen soll erreicht werden, dass diese ihre Einkommensteuerzahlungen als Finanzierungsbeitrag zur Bereitstellung staatlicher Infrastruktur sehen[510]. Dies entspricht dem Gedanken einer Markteinkommensteuer (Markteinkommenstheorie[511]).

---

[505] Kirchhof, DStR 2001, S. 913, 914; Kirchhof, StuW 2002, S. 3, 4.
[506] Kirchhof, DStR 2001, S. 913, 914; Kirchhof, StuW 2002, S. 3, 4.
[507] Vgl. Kirchhof, u.a., Begründung (Besonderer Teil) zu § 21, in: Karlsruher Entwurf zur Reform des Einkommensteuergesetzes, Heidelberger Forum, Band 116; dies., Finanzielle Auswirkungen (Erläuterungen), in: Karlsruher Entwurf zur Reform des Einkommensteuergesetzes, Heidelberger Forum, Band 116; Wassermeyer, DStR 2001, S. 920, 921.
[508] Maiterth, BB 2001, S. 1172.
[509] Kirchhof, DStR 2001, S. 913, 914; Kirchhof, StuW 2002, S. 3, 5.
[510] Maiterth, BB 2001, S. 1172.
[511] Vgl. dazu Wassermeyer, DStR 2001, S. 920, 921: Wassermeyer hält a.a.O. die Markteinkommenstheorie nicht für zwingend. Man könne ebenso der Auffassung sein, dass im Prinzip jede Vermögensmehrung und jede mit ihr korrespondierende Vermögensminderung entweder der Einkommen- oder der Erbschaftsteuer, aber nicht beiden Steuern gleichzeitig, unterliegen müsse bzw. dürfe, und dass jede Ausnahme von diesem Grundsatz der Rechtfertigung bedürfe. Auch könne die Veräußerung von sonstigem Privatvermögen (z.B. Einkünfte aus Nach-

Von diesen Erwerbseinnahmen sind vor der Besteuerung die erwerbssichernden Aufwendungen abzuziehen, weil auch dem Staat am zukünftigen individuellen Erwerb und dem weiteren Prosperieren des Marktes gelegen ist. Auch sollen die existenznotwendigen Aufwendungen steuerfrei bleiben, weil der Einkommensbezieher sein Einkommen zunächst erwirbt, um seinen Existenzbedarf zu decken. In begrenztem Umfang sind auch gemeinnützige Spenden zum Abzug zuzulassen, weil hier der Einkommensbezieher freiwillig Aufgaben finanziert, die ausschließlich der Rechtsgemeinschaft und dem staatlich repräsentierten Gemeinwesen zu Gute kommen. Hat der Steuerpflichtige in dieser Bemessungsgrundlage der vom Markt abgeleiteten Erwerbseinnahmen seine Einkommensteuer entrichtet, darf er für sein versteuertes Einkommen die uneingeschränkte Verfügungsfreiheit des Eigentümers über sein privatnützziges Vermögen beanspruchen. Das dadurch erzielte Mehraufkommen ist durch einen verringerten Steuersatz an die Allgemeinheit zurückzugeben[512]. Deshalb schlägt der Entwurf vor, auf alle Ausnahmetatbestände im Einkommensteuergesetz zu verzichten und den Steuertarif progressiv von 15 bis 35 % zu bemessen[513].

Die Umsetzung der genannten Ziele soll mittels eines grundlegend neu gestalteten Einkommensteuergesetzes erfolgen. Es umfasst lediglich 21 Paragraphen, sowie Verordnungsermächtigungen zu sieben dieser Paragraphen.

c. Ausgestaltung des Entwurfs im Hinblick auf private Veräußerungsgeschäfte

Die Grundsatzentscheidung für eine Markteinkommensteuer, die auf Ausnahme- und Lenkungstatbestände verzichtet, dadurch aber den allgemeinen Steuertarif wesentlich senkt, verwirklicht der Entwurf unter anderem dadurch, dass er nur eine Einkunftsart kennt.

§ 2 EStG-E[514] regelt den Gegenstand der Besteuerung. Er definiert das steuerbare Einkommen unter Verzicht auf die bisherige Differenzierung in sieben Einkunftsarten. Dadurch soll die Gleichheit unter allen Einkünften hergestellt, die Gleichheit auch der Aufwands- und Abzugstatbestände betont werden[515] und ein

lassversteigerung) „marktoffenbar“ sein. I.Ü. indiziere die Markteinkommenstheorie, dass die auf ausländischen Märkten erzielten Einkünfte nur dort und nicht im Inland besteuert werden dürften.

[512] Kirchhof, DStR 2001, S. 913, 914; Kirchhof, StuW 2002, S. 3, 5.

[513] Vgl. auch § 16 des Karlsruher Entwurfs zur Reform des Einkommensteuergesetzes (im Folgenden: EStG-Entwurf); Kirchhof, DStR 2001, S. 913, 914.

[514] Die Bezeichnung „EStG-Entwurf“ bezieht sich auf die als „Karlsruher Entwurf zur Reform des Einkommensteuergesetzes“, in Heidelberger Forum, Band 116 veröffentlichte Fassung.

[515] Vgl. auch Kirchhof, u.a., Begründung (Besonderer Teil) zu § 2, in: Karlsruher Entwurf zur Reform des Einkommensteuergesetzes, Heidelberger Forum, Band 116; Kirchhof, StuW 2002, S. 3, 12; BVerfG, Urt. v. 06.03.2002, 2 BvL 17/99, NJW 2002, S. 1103, 1108: BVerfG

Beitrag zur Steuervereinfachung insofern geleistet werden, als Abgrenzungsprobleme bei der Zuordnung von Einkünften zu den steuerlichen Einkunftsarten wegfallen[516].

Gegenstand der Besteuerung im Sinne des § 2 Abs. 1 Satz 2 EStG-E sind nur noch die Einkünfte aus „erwerbswirtschaftlichem Handeln“[517], also des nachhaltigen Einsatzes von Arbeit oder Kapital, der darauf angelegt und geeignet ist, Überschüsse oder Gewinne zu erzielen[518]. Damit fallen die sogenannten sonstigen Einkünfte im Sinne des § 22 EStG (ausgenommen: Renten im Sinne des § 9 Abs. 3 EStG und Einkünfte aus der Veräußerung von Grundstücken und grundstücksgleichen Rechten im Sinne des § 2 Abs. 2 EStG) – mangels Erwerbshandelns - aus den steuerbaren Einkünften heraus[519].

Besteuert wird, wer über eine den Zugang zum Markt auf Dauer erschließende Erwerbsgrundlage verfügt (Zustandstatbestand), z.B. einen Gewerbebetrieb, eine freiberufliche Praxis oder den Arbeitsplatz eines Arbeitnehmers innehat; diese Erwerbsgrundlage zum Erzielen von Einkommen nutzt (Nutzungstatbestand) und aus diesem Nutzen den Erfolg eines Einkommens erzielt (Erfolgstatbestand)[520].

Das EStGB unterscheidet nicht mehr nach Einkunftsarten, kennt jedoch zwei Methoden der Einkünfteermittlung, den Gewinn und den Überschuss. Diese Methoden unterscheiden sich aber nicht durch ein unterschiedliches Verständnis des Einkommens[521]. Die fortbestehende Unterscheidung zwischen Überschüssen und Gewinnen betrifft ausschließlich das Einkünfteermittlungsverfahren, nicht aber die Ausgangstatbestände von Einnahmen, Erwerbsaufwand oder zu verschonendem Existenzminimum[522].

Gemäß § 2 Abs. 2 EStG-Entwurf sind auch aus nicht erwerbswirtschaftlichem Handeln erzielte Einkünfte, also Einkünfte aus der Veräußerung von Privatver-

---

stellt a.a.O. fest, dass „die systematische Unterscheidung der Einkunftsarten durch den Gesetzgeber allein eine Ungleichbehandlung nicht rechtfertigen kann“.

516 Maiterth, BB 2001, S. 1172, 1173.

517 Der Karlsruher Entwurf spricht von einem „erwerbswirtschaftlichen Handeln“; der im EStGB-Entwurf verwendete Begriff des „Erwerbshandelns" geht auf einen Vorschlag von Tipke (StuW 2002, S. 148, 157) zurück; die beiden Begriffe werden im Folgenden synonym verwendet. Vgl. dazu i.E. Kirchhof, DStR 2003, Heft 37, Beihefter 5, S. 2 Fn. 11.

518 Maiterth, BB 2001, S. 1172, 1173; vgl. auch Begründung (Besonderer Teil) zu § 2, a.a.O.

519 Wassermeyer, DStR 2001, S. 920, 921.

520 Kirchhof, DStR 2001, S. 913, 915; Kirchhof, StuW 2002, S. 3, 12.

521 Kirchhof, Das EStGB-ein Vorschlag zur Reform des Ertragsteuerrechts, DStR 2003, Heft 37, Beihefter 5, S. 3.

522 Kirchhof, DStR 2001, S. 913, 915; vgl. auch Begründung (Besonderer Teil) zu § 2, a.a.O.

mögen, steuerbar. Aus Praktikabilitätsgründen und zum Schutz der privaten Lebenssphäre beschränkt sich die Steuerlast aber auf die Einkünfte aus der Veräußerung von Grundstücken und grundstücksgleichen Rechten. Eine Ausnahme gilt für das zu eigenen Wohnzwecken genutzte Grundstück, dessen Wertänderungen während dieser Eigennutzung steuerunerheblich bleiben[523]. Zur Einkunftsermittlung (§ 13 EStG-E) ist in Anlehnung an § 23 EStG i.d.F. des geltenden Einkommensteuergesetzes eine stichtagsbezogene Berechnung auf den Zeitpunkt der Veräußerung vorzunehmen[524].

Steuerlich erfasst werden gemäß § 3 Abs. 2 Satz 2 EStG-E auch Überführungen aus dem Erwerbsvermögen in das übrige Vermögen des Steuerpflichtigen (Konsumvermögen). Damit soll die vollständige steuerliche Berücksichtigung der Wertveränderungen sichergestellt werden. So führt z.B. die Eigennutzung einer bisher zu fremden Wohnzwecken vermieteten Eigentumswohnung zu einer Entnahme aus dem Erwerbsvermögen, die der Besteuerung unterliegt. Allerdings tritt eine Besteuerung erst ein, wenn die Wohnung (zu einem späteren Zeitpunkt) veräußert wird[525]. Diese Rechtsfolge ergibt sich aus § 13 Abs. 2 EStG-E, der die zeitlich hinausgeschobene Besteuerung von Entnahmegewinnen für ein unbewegliches Wirtschaftsgut regelt. Die Steuerbelastung soll erst eintreten, wenn die Wertsteigerung des Wirtschaftsguts durch Veräußerung realisiert wird[526].

Da nur Steuergesetze die auch tatsächlich vollzogen werden dem Gebot der Gleichmäßigkeit der Besteuerung genügen[527], ist die vereinheitlichte Ertragsteuer darauf angelegt, mit möglichst geringem Kontroll- und Verwaltungsaufwand effektiv vollzogen zu werden. In vielen Fällen – auch im Falle der Veräußerungsgeschäfte - wird sie durch Quellenabzug erhoben[528].

d. Stellungnahme

Dem Grundsatz folgend, alle Einkünfte aus Erwerbshandeln zu versteuern, soll nach dem Entwurf auch die Veräußerung von Wirtschaftsgütern des Erwerbsvermögens der Besteuerung unterliegen, d.h. Veräußerungsgewinne erhöhen und Veräußerungsverluste vermindern das steuerliche Einkommen. Eine Unterschei-

---

[523] Kirchhof, DStR 2001, S. 913, 915; vgl. auch Begründung (Besonderer Teil) zu § 2, a.a.O.

[524] Kirchhof, u.a., Begründung (Besonderer Teil) zu § 13, in: Karlsruher Entwurf zur Reform des Einkommensteuergesetzes, Heidelberger Forum, Band 116.

[525] Kirchhof, u.a., Begründung (Besonderer Teil) zu § 3, in: Karlsruher Entwurf zur Reform des Einkommensteuergesetzes, Heidelberger Forum, Band 116.

[526] Kirchhof, u.a., Begründung (Besonderer Teil) zu § 13, in: Karlsruher Entwurf zur Reform des Einkommensteuergesetzes, Heidelberger Forum, Band 116.

[527] Man denke nur an das Zinsurteil des BVerfG, BVerfGE 84, S. 239, 271.

[528] Kirchhof, DStR 2003, Heft 37, Beihefter 5, S. 2.

dung wie im derzeitigen Recht, das private Veräußerungsgewinne entsprechend der Quellentheorie grundsätzlich auch dann steuerfrei stellt, wenn die betreffenden Wirtschaftsgüter steuerpflichtige laufende Einkünfte generieren, wird nicht vorgenommen. Demnach sind Wertsteigerungen bei sämtlichen Kapitalanlagen, also auch bei nach heutiger Rechtslage nicht steuerverstrickten Aktien, steuerlich relevant[529]. Auch Veräußerungsgewinne unterliegen der Regelbesteuerung, d.h. es ist weder ein Freibetrag noch ein ermäßigter Steuersatz vorgesehen[530].

Damit gibt der Karlsruher Entwurf das dualistische Prinzip der Einkünfteermittlung zugunsten einer umfassenden steuerlichen Erfassung sämtlicher Veräußerungsgeschäfte auf. Die dadurch umgesetzte steuerliche Gleichbehandlung „betrieblicher" und „privater" Veräußerungsgeschäfte im Erwerbsvermögen und die Verhinderung der aus dem Einkünftedualismus bislang resultierenden Steuervermeidungsmodelle ist unter dem verfassungsrechtlichen Gleichheitsaspekt begrüßenswert. Zugleich verhindert der Karlsruher Entwurf durch die Erfassung auch der Veräußerungsgewinne mit einem einheitlichen (Regel-) Tarif die systematischen Nachteile des bereits diskutierten Pauschalsteuerkonzepts bzw. der Abgeltungssteuer (Schedule), die letztlich zu deren Ablehnung führten.

Auch sieht der Karlsruher Entwurf eine Aufhebung des § 30a AO vor. In der Begründung wird dazu angemerkt: „Bei den Kapitalerträgen könnte nach Auffassung des Arbeitskreises die Sicherung des Steueraufkommens allerdings dadurch verbessert werden, dass – zumindest hinsichtlich der Kreditinstitute und Finanzdienstleistungsinstitute – ein generelles und umfassendes Kontrollmitteilungssystem eingeführt und gleichzeitig § 30a AO aufgehoben wird, wie es ohnehin in einer Reihe von Industrienationen praktiziert wird. Die entsprechenden Bestrebungen der Europäischen Union zur Vereinheitlichung werden vom Arbeitskreis unterstützt"[531].
Gemeint sind die Bestrebungen, die steuerliche Erfassung von Zinseinkünften innerhalb der EU zu vereinheitlichen und sicherzustellen[532]. So wurde lange Jahre eine Richtlinie des Rates zur Gewährleistung einer effektiven Besteuerung von Zinserträgen innerhalb der Gemeinschaft (Zinsrichtlinie) diskutiert, die die Installation eines Kontrollmitteilungssystems und in der Konsequenz eine Aufhebung des § 30a AO erfordert[533]. Am 3. Juni 2003 einigten sich die EU-

[529] Maiterth, BB 2001, S. 1172, 1174.
[530] Tipke, StuW 2002, S. 148, 171 f.
[531] Kirchhof, u.a., Begründung (Besonderer Teil) zu § 21, in: Karlsruher Entwurf zur Reform des Einkommensteuergesetzes, Heidelberger Forum, Band 116.
[532] Instruktiv dazu: Ehrhardt-Rauch/Rauch, DStR 2002, S. 57, 59 ff.
[533] Ehrhardt-Rauch/Rauch, DStR 2002, S. 57, 59, 63 f; Dautzenberg, BB 2004, S. 17-21; Jachmann, BB 2003, S. 2712, 2713; zur bisherigen Diskussion: Schmidt-Keßeler, in: DStR

Finanzminister auf eine EU-Zinsrichtlinie, zu deren Umsetzung auf Grundlage des neu eingefügten § 45e EStG[534] die Zinsinformationsverordnung erlassen wurde[535].

Mit der Aufhebung des § 30a AO würde das wesentliche einer ausreichenden Verifikation der Veräußerungsgewinne im Wege stehende Hindernis beseitigt und den Maßgaben des Zinsurteils des Bundesverfassungsgerichts von 1991, des Vorlagebeschluss des BFH zum Bundesverfassungsgericht vom 16. Juli 2002 und schließlich des Urteils des Bundesverfassungsgerichts vom 9. März 2004 genügt. Damit wäre das im geltenden Einkommensteuerrecht bestehende strukturelle Vollzugsdefizit behoben und die Gleichmäßigkeit der Besteuerung wieder hergestellt.

Dem Karlsruher Entwurf zufolge sollen unabhängig von Behaltensfristen alle gegenwärtig nicht steuerbaren Gewinne aus der Veräußerung bisher als privat geltenden Erwerbsvermögens wie Wertpapiere und Grundstücke besteuert werden, hiervon aber selbstgenutzte Grundstücke ausgenommen sein. Da etwa beim Wechsel zwischen der Fremd- und Selbstnutzung von Grundstücken Einlagen in das bzw. Entnahmen aus dem Erwerbsvermögen festzustellen wären und hieraus entstehende Veräußerungsgewinne erst bei Veräußerung der Grundstücke besteuert werden sollen, würde dem Karlsruher Entwurf zufolge z.B. eine kurzfristige Vermietung einer ansonsten selbstgenutzten Eigentumswohnung noch Jahrzehnte später Steuerfolgen auslösen[536].

Man mag die Bereitschaft *Wagners*[537] teilen, einen solchen Preis steuerlicher Gleichmäßigkeit zu akzeptieren, doch ist ihm ebenso darin beizupflichten, dass sich daraus eine erhebungstechnische Vereinfachung gewiss nicht ergibt. Damit wäre der selbstformulierte Anspruch des Karlsruher Entwurfs, nämlich die Steuervereinfachung, konterkariert[538]. Darüberhinaus wäre mit einem erheblichen Anstieg der Steuererfassungskosten als Folge der Textverkürzung des Gesetzentwurfs zu rechnen.

16/2003; zum Widerstand gegen die sog. Zinsrichtlinie siehe den 60. EU-Bericht der Bundesregierung, BT-Drs. 14/3434 v. 17.05.2000, S. 30.

[534] Eingefügt durch Art. 1 Nr. 28 des Gesetzes vom 15.12.2003 (BGBl. I 2003, S. 2645).

[535] Richtlinie 2003/48/EG des Rates v. 03.06.2003 im Bereich der Besteuerung von Zinserträgen, ABl. 2003, L 157/38; dazu: Jachmann, BB 2003, S. 2712, 2713; dazu und zur Zinsinformationsverordnung v. 26.01.2004 (BGBl. I 2004, S. 128): Schmidt-Glanegger, EStG, § 45e Rn. 1-3 (23. Aufl. 2004).

[536] Kirchhof, u.a., Begründung (Besonderer Teil) zu § 13, in: Karlsruher Entwurf zur Reform des Einkommensteuergesetzes, Heidelberger Forum, Band 116; vgl. dazu Wagner, StuW 2001, S. 354, 358.

[537] Wagner, StuW 2001, S. 354, 358.

[538] Wagner, StuW 2001, S. 354, 358.

Tipke[539] geht demgegenüber davon aus, dass künftig zwar von einem Teil der Steuerpflichtigen mehr Aufzeichnungen verlangt würden, dies aber durch die erhebliche Entkomplizierung mehr als aufgewogen würde. Die Einkommensbesteuerung auf der Grundlage des Karlsruher Entwurfs ließe das Einkommensteuerrecht spürbar einfacher werden, wenngleich auch nicht einfach, was allerdings in der Natur der Einkommensteuer liege.

In der steuerlichen Praxis wäre nichtsdestotrotz jeder Vorgang im Bereich des privaten Erwerbsvermögens und jede Grundstücksbewegung unbefristet zu erfassen, was neue Aufzeichnungspflichten erforderlich machen würde. *Schön*[540] hat darauf hingewiesen, dass die günstigere Besteuerung der capital gains im englischsprachigen Ausland „eine ganze Beratungsindustrie" sich habe entwickeln lassen.

Dem ist mit *Tipke* entgegenzuhalten, dass der Karlsruher Entwurf – im Unterschied zu den diskutierten Konzepten einer Pauschalsteuer bzw. einer Abgeltungssteuer - keine (günstigen) Sonderregelungen für Veräußerungsgewinne einführt. Allerdings – das wiederum räumt *Tipke* ein – dürfte sich gegen diese Gleichbehandlung, wenn es „Ernst würde", doch Protest erheben. Schwierigkeiten ergeben sich weiterhin, wenn Güter gemischt genutzt werden, also für Erwerbs- und private Lebensführungszwecke. Die Erweiterung der Bemessungsgrundlage in den Bereich des privaten Erwerbsvermögens hinein ist aber unverzichtbar[541]. Die Forderung nach einer Gleichschaltung der steuerlichen Erfassung von Wertzuwächsen und laufenden Erträgen gehört zu den Standardforderungen systemorientierter Steuerpolitik und ist zutreffend auch vom Karlsruher Entwurf aufgegriffen worden[542].

Den Hauptmangel des Entwurfs sieht *Wagner*[543] in der Missachtung neuerer Forschung und internationaler Entwicklungen. Mit der formulierten Zielsetzung des Entwurfs „das gegenwärtige Einkommensteuergesetz wieder auf seine elementaren Grundprinzipien zurückzuführen"[544] suche der Entwurf sein „Heil in einer rückwärtsgewandten Betrachtung" und gehe „der argumentativen Auseinandersetzung mit neueren Forschungsergebnissen aus dem Weg". In diesem Zusammenhang weist *Wagner*[545] auf andere europäische Staaten hin, die sich eines solch „rückwärtsgewandten Denkansatzes" nicht bedient hätten und statt-

---

[539] Tipke, StuW 2002, S. 148, 161.
[540] Schön, StuW 2002, S. 23, 31.
[541] Tipke, StuW 2002, S. 148, 161.
[542] Schön, StuW 2002, S. 23, 31; Tipke, StuW 2002, S. 148, 161 Fn. 74.
[543] Wagner, StuW 2001, S. 354, 361.
[544] Kirchhof, DStR 2001, S. 913, 914.
[545] Wagner, StuW 2001, S. 354, 362.

dessen ihre Steuerreformen auf wirtschaftspolitisch begründete Einsichten stützten. Sowohl in den skandinavischen Staaten, den Niederlanden, Italien wie auch Österreich wurden in jüngster Zeit grundlegende Steuerreformen vollzogen, deren Leitbilder denen des Karlsruher Entwurfs entgegengesetzt sind, da sie zwischen Arbeits- und Kapitaleinkünften konzeptionell unterscheiden (siehe oben). Wie auch immer man über die in Europa gewählten Lösungsansätze denken mag: Ein deutscher Sonderweg der rückwärtsgewandten Beschränkung auf nationale Denktraditionen erschiene höchst sonderbar, und er könnte sich gerade aus der Sicht der Ökonomie auch als schädlich erweisen[546].

Dem wäre zuzustimmen, sollte sich das Konzept als „rückwärtsgewandter Sonderweg" erweisen. *Kirchhof*[547] bezeichnet das Konzept hingegen mit Recht als „Modell für die europäische Steuerharmonisierung". Wörtlich heißt es: „Außerdem drängt die Entwicklung der europäischen Integration den Gesetzgeber, das deutsche Steuerrecht so einsichtig und verständlich zu gestalten, dass bei der europäischen Angleichung des Steuerrechts wesentliche Elemente der uns vertrauten Prinzipien auch zu Maximen einer Rechtsvereinheitlichung werden müssen"[548]. Tipke[549] spricht in bezug auf das *Kirchhof'sche* Konzept sogar von einem „systematisierten Steuerrecht als Exportmodell".
Die Bedeutung des europäischen Rechtsraums für die Ertragsbesteuerung ist – gerade vor dem Hintergrund der europäischen Vereinheitlichung der Grundsätze für die Besteuerung privater Zinserträge (Zinsrichtlinie) – erheblich. Davon zeugen auch die Bestrebungen einer europäischen Harmonisierung des Ertragsteuerrechts. Ausgehend von dem gefundenen Ergebnis, dass ein Schedulensteuersystem aus verfassungsrechtlichen, systematischen und praktischen Erwägungen für Deutschland abzulehnen ist, und der Tatsache, dass eine Konsumbesteuerung gegenwärtig nirgendwo umgesetzt ist, bürgt das Modell *Kirchhofs* mit einem wesentlichen Merkmal für seine Zukunftsorientierung: seiner einfachen und systematischen Struktur. Ein einfaches und systematisches Besteuerungskonzept mit einem erkennbaren Leitbild taugt jedenfalls auch für die europäische Harmonisierung.

Gegenstand der Besteuerung nach dem Karlsruher Entwurf ist das durch Tauschhandlungen der Steuerpflichtigen am Markt erzielte und realisierte Einkommen, das sich aus den Einnahmen abzüglich der erwerbssichernden Ausgaben ergibt. Konsumausgaben zählen zur steuerlich irrelevanten Privatsphäre der Steuerpflichtigen und haben daher keinen Einfluss auf die Einkommensteuerschuld. Hierunter fallen auch selbstgenutzte Immobilien; eine Nutzungswertbe-

---

[546] Wagner, StuW 2001, S. 354, 362.
[547] Kirchhof, DStR 2001, S. 913, 917.
[548] Kirchhof, DStR 2001, S. 913, 914; zustimmend Tipke, StuW 2002, S. 148, 149.
[549] Tipke, StuW 2002, S. 148, 149.

steuerung ist - wie im gegenwärtigen Steuerrecht - nicht vorgesehen[550]. Es gilt ein umfassender Einkommensbegriff, der weder Freibeträge noch eine unterschiedliche Behandlung verschiedener wirtschaftlicher Betätigungen rechtfertigt. Es findet das Konzept der synthetischen Einkommensteuer Anwendung[551].

Es kann davon ausgegangen werden, dass der dem „traditionellen" Leitbild der einkommensbasierten Besteuerung nach der wirtschaftlichen Leistungsfähigkeit entsprechende Karlsruher Entwurf innen- wie auch europapolitisch - eher durchsetzbar sein wird, als die Modelle der Konsumbesteuerung.
Problematisch könnte in diesem Zusammenhang lediglich sein, dass auch *Kirchhof* vorgeworfen wird, sein Modell sei systematisch nicht einwandfrei, da es klassische Elemente einer Konsumbesteuerung enthalte. Ist eine Regelung jedoch systemwidrig, droht auf Grundlage der einschlägigen BFH-Rechtsprechung[552] – vorbehaltlich einer sachlichen Rechtfertigung – deren Verfassungswidrigkeit.

Dieser Vorwurf bezieht sich in erster Linie auf die im Karlsruher Entwurf vorgesehene nachgelagerte Besteuerung von Zukunftssicherungsleistungen. Dabei – so die Kritiker – handle es sich um das „trojanische Pferd" der Konsumbesteuerung. Es werde explizit die Sparbereinigung des Einkommens und damit eine scharfe Differenzierung zwischen den für Zwecke der Altersversorgung gesparten und den konsumierten Einkommensteilen eingeführt[553]. § 9 EStG-E bedeute einen Bruch mit *Kirchhofs* These von der „Gegenwartsgerechtigkeit" oder „Steuergleichheit in der Zeit"[554].

Die Leistungen zur Zukunftssicherung und die davon abhängigen Altersbezüge werden in § 9 EStG-E gänzlich neu geregelt. Beiträge zum Erwerb höchstpersönlicher, nicht vererblicher und nicht übertragbarer Versorgungsansprüche sollen steuerfrei bleiben[555]. Demgegenüber werden die Versorgungsansprüche und insbesondere die Altersbezüge als Erwerbseinnahmen im Sinne des § 9 Abs. 3 EStG-E in der Phase ihrer tatsächlichen Verfügbarkeit und Verwendung durch

---

[550] Maiterth, BB 2001, S. 1172.
[551] Maiterth, BB 2001, S. 1172.
[552] BFH, Beschl. v. 24.02.1999, X R 171/96, BStBl. II 1999, S. 450.
[553] Scheffler, StuB 2001, S. 904, 905; Wagner, StuW 2001, S. 354, 360: Wagner spricht a.a.O. gar von einem „gravierenden Systembruch" des Karlsruher Entwurfs. Der Karlsruher Entwurf führe explizit die Sparbereinigung des Einkommens und damit eine scharfe Differenzierung zwischen den für Zwecke der Altersversorgung gesparten und den konsumierten Einkommensteilen ein. Die nachgelagerte Rentenbesteuerung sei das „trojanische Pferd" der Konsumbesteuerung.
[554] Wagner, StuW 2001, S. 354, 360 f.
[555] Kirchhof, DStR 2001, S. 913, 916.

den Steuerpflichtigen als bisher nicht versteuertes Einkommen – unter Abzug der das Existenzminimum sichernden Grundfreibeträge - voll besteuert[556].

Gegen den Vorwurf des gravierenden Systembruchs durch Einführung eines Konsumsteuerelements im Bereich der Zukunftssicherungsleistungen wendet sich allerdings zu Recht *Tipke*[557]. Dieser führt aus, dass nach der Ratio des § 9 EStG überhaupt kein Schritt hin zur Konsumeinkommensteuer gemacht werden sollte. Vielmehr sollte dafür gesorgt werden, dass nur für die Steuerzahlung disponibles Einkommen besteuert wird. Zum Existenzminimum gehöre eben nicht nur das in der aktiven (erwerbsaktiven), sondern auch das in der passiven Lebenszeit Benötigte. Dafür müsse in der aktiven Zeit vorgesorgt werden. Durch den Zwang zur Vorsorge (Zwang zur „Zukunftssicherung") wird die steuerliche Leistungsfähigkeit geschmälert. Das Einkommen, das unvermeidbar für die Zukunftssicherung ausgegeben werden muss, ist für die Steuerzahlung nicht disponibel. Andererseits wird durch „Einnahmen aus der Zukunftssicherung" die steuerliche Leistungsfähigkeit erhöht. So gesehen liege keine „nachgelagerte" (aufgeschobene, zeitlich verschobene) Besteuerung vor, sondern eine strikt periodische. Die Methode des § 9 EStG-E werde so oder ähnlich auch in den meisten EU-Mitgliedstaaten, in der Schweiz und in den USA praktiziert; auch in diesen Ländern werde darin jedoch nicht ein Stück verwirklichter Konsumeinkommensteueridee gesehen. Zur Vermeidung von Missverständnissen sollte man – so auch *Tipke*[558] – jedoch besser nicht von „nachgelagerter Besteuerung" sprechen.

Ein weiterer Aspekt, der gegen den Vorwurf einer Konsumsteuerintention spricht, ist die Tatsache, dass der Karlsruher Entwurf in diesem Punkt lediglich dem auch vom Bundesverfassungsgericht in seinem Urteil zur Besteuerung von Beamtenpensionen[559] aufgenommenen Gedanken der nachgelagerten Besteuerung folgt. Dem Bundesverfassungsgericht wird allerdings kaum eine Tendenz zur Konsumeinkommensteuer unterstellt werden können. Insofern ist der Vorwurf eines gravierenden Systembruchs im Karlsruher Entwurf nicht berechtigt. Der Entwurf sieht eine kapitalorientierte Besteuerung auf Einkommensbasis nach dem Leitbild einer synthetischen Einkommensteuer vor.

---

[556] Kirchhof, DStR 2001, S. 913, 916; Maiterth, BB 2001, S. 1172, 1174.

[557] Tipke, StuW 2002, S. 148, 171.

[558] Tipke, StuW 2002, S. 148, 171.

[559] Vgl. auch BVerfG, Urt. v. 06.03.2002, 2 BvL 17/99, NJW 2002, S. 1103, 1107: Das BVerfG stellt in seinem Urteil zur Besteuerung von Beamtenpensionen und Renten a.a.O. fest, dass „eine spätere steuerliche Erfassung einer Vermögensmehrung in Betracht [kommt], wenn die Besteuerung zu einem möglichen früheren Zeitpunkt unterblieben ist oder aufgeschoben wurde". Dies entspricht dem Konzept einer nachgelagerten Rentenbesteuerung.

e. Fazit

Mit dem Karlsruher Entwurf zur Einkommensbesteuerung und dem darauf basierenden EStGB würde das traditionelle synthetische Leitbild der deutschen Einkommensbesteuerung wieder erkennbar. Den Anforderungen des BFH an die folgerichtige Umsetzung der einmal getroffenen systematischen Belastungsentscheidung wäre genüge getan. Zugleich würde mit der synthetischen Konzeption eine nach deutschem verfassungsrechtlichen Verständnis gleichheitskonforme Einkommensteuersystematik erhalten und das systemfremde Element der dualistischen Einkünfteermittlung durch die Beschränkung auf nur eine Einkunftsart eliminiert. Mit der Einbeziehung der Veräußerungsgewinne in den Regelsteuertarif wird das synthetische Modell der Einkommensbesteuerung auch in diesem Bereich strikt umgesetzt. Dem Verifikationserfordernis als Voraussetzung einer gleichmäßigen Besteuerung würde durch die Aufhebung des § 30a AO ebenfalls genügt.

Das *Kirchhof'sche* Konzept bedeutet eine Absage an die Konsumsteuerkonzepte und ein Festhalten an der „traditionellen" Kapitaleinkommensbesteuerung. Dies dürfte auch die politische Durchsetzbarkeit des Konzepts erleichtern.

2. Die Konsumbesteuerung nach dem Konzept von Manfred Rose[560]

Die wesentliche Übereinstimmung des Steuerreformkonzepts von *Manfred Rose* mit dem vorstehend erläuterten Reformkonzept *Kirchhofs* besteht im gemeinsamen Befund der Notwendigkeit einer grundlegenden Reform des Einkommensteuerrechts. Ausgehend von dem gegenwärtigen Chaos der Investitionsbesteuerung soll allerdings nach *Rose* die im Wettbewerb der Steuersysteme fortschreitende Konsumorientierung der Besteuerung von Einkommen die Chance beinhalten, die Investitionsbesteuerung strukturell zu verbessern, d.h. prinzipientreuer, systemkonsequenter und einfacher auszugestalten.

a. Hintergrund

Nach *Rose*[561] ist das praktizierte Chaos bei der Besteuerung von Einkommen aus Kapitalanlagen (u.a. Gewinne aus der Veräußerung von Wertpapieren und Beteiligungen an Unternehmen) nicht nur demokratiefeindlich, systemlos und ungleichmäßig, sondern in vielen Fällen außerordentlich investitions- und wachs-

---

[560] Auf die grundsätzlichen Unterschiede einer auf das Lebenseinkommen abstellenden Konsumbesteuerung zur traditionellen Einkommensteuer nach dem Periodizitätsprinzip ist hier nicht einzugehen, vgl. dazu u.a. Lang, DStJG Bd. 24 (2001), S. 49, 63-67 bzw. Kirchhof, in: Kirchhof/Söhn, EStG, § 2 Rn. A 135 ff.

[561] Grundlegend: Rose, Plädoyer für ein konsumorientiertes Steuersystem, Berlin 1991.

tumsfeindlich. Dies hänge auch damit zusammen, dass man sich bei der Besteuerung von Kapitaleinkommen an dem traditionellen Leitbild[562] einer Einkommensbesteuerung orientiert, das den Steuerabschnitt (Kalenderjahr) zum maßgebenden Zeitraum für die Frage einer gleichmäßigen Besteuerung verschiedener Arten von Einkommen erhebt[563]. Ein solches Leitbild widerspreche der Lebenswirklichkeit der Bürger wie auch dem Planungshorizont der Unternehmen und habe deshalb zur Konsequenz, dass Sparer und Investoren exzessive Mehrfachbelastungen ihrer Einkommen und Gewinne zu tragen hätten. Das traditionelle System der Einkommens- und Gewinnbesteuerung führe in lebenszeitlicher Sicht nicht nur zu einer unfairen Lastenverteilung, sondern auch zu Effizienzverlusten, weil es den Sofortkonsum gegenüber dem Zukunftskonsum begünstige und dadurch unternehmerische Investitionen beeinträchtige[564].

Hieraus wird die Forderung abgeleitet, ein lebenszeitlich orientiertes System der Einkommensbesteuerung zu etablieren, so dass die Steueransprüche des Staates möglichst entscheidungsneutral und ohne diskriminierende Mehrfachbelastungen durchgesetzt werden können. Der hybride Charakter der gegenwärtigen Einkommensbesteuerung, die die verschiedenen Einkunftsarten teils konsumteils kapitalorientiert besteuert, insbesondere die faktische Nichtbesteuerung von Zinsen, fordere zu einer gleichheitskonformen Beseitigung des hybriden Charakters mit dem Ziel einer intertemporal neutralen „Comprehensive Income Tax" heraus[565]. Dabei sollte die Besteuerung für alle Beteiligten möglichst einfach sein[566].

Der Entwurf[567] ist nach Angaben *Roses*[568] als eine neue Grundlage für eine disziplinübergreifende Diskussion zwischen Ökonomen und Juristen über ein ökonomisch fundiertes Steuersystem zu sehen.

---

[562] Vgl. z.B. Kirchhof, StuW 1985, S. 319-329.

[563] Ausführlich dazu: Nguyen-Thanh/Rose/Thalmeier, StuW 2003, S. 169 ff.; Rose, BB 2000, S. 1062; Lang, DStJG Bd. 24 (2001), S. 49 ff.

[564] Rose, BB 2000, S. 1062, 1063.

[565] Tipke/Lang, Steuerrecht, 17. Aufl. Köln 2002, § 8 Rn. 33.

[566] Rose, BB 1996, S. 1085, 1089; Rose, BB 2000, S. 1062, 1063; Lang, DStJG Bd. 24 (2001), S. 49, 64 ff.; Lang, StuW 1989, S. 3-17; ders., Die Besteuerung des Konsums aus gesetzgebungspolitischer Sicht, in: Rose (Hrsg.), Konsumorientierte Neuordnung des Steuersystems, Berlin/Heidelberg u.a. 1991, S. 291-348; Löhr, StuB 1999, S. 873 ff.

[567] Für die Entwicklung des Gesetzentwurfs aus juristischer Sicht hat sich Rose in großem Umfang an entsprechenden Regelungen im Steuergesetzbuch von *Joachim Lang* (1993) orientiert. Zurückgegriffen wurde weiterhin auf Gutachten von *Ekkehard Wenger* zum Entwurf des von 1994 bis 2000 geltenden und in diesem Zeitraum bestens funktionierenden kroatischen Gewinnsteuergesetzes sowie zum Entwurf eines – nicht verwirklichten – rumänischen Gewinnsteuergesetzes; vgl. dazu Lang, Entwurf eines Steuergesetzbuchs, BMF-Schriftenreihe, Heft 49, 1993; Lang, StuW 1989, S. 3-17; ders., Die Besteuerung des Konsums aus gesetzge-

b. Kerngedanken des Reformentwurfs

Ausgangspunkt des Konsumsteuerkonzepts ist die Prämisse, dass das Endziel allen Wirtschaftens im Konsum besteht und dass auch der Einzelne nur durch seinen Konsum die Gesellschaft belastet (Belastungsgrund der Steuer)[569]. Oberstes Ziel aller Einkommens- und Gewinnermittlungsregeln könne daher nur sein, eine möglichst gleichmäßige Belastung des Lebenskonsums der Bürger sicherzustellen. Diese Folgerung ergibt sich für die Vertreter dieser Ansicht aus der Tatsache, dass die reale Last einer Steuer, an welcher Stelle, bei wem und in welcher Form sie auch erhoben sein mag, stets bei natürlichen Personen als staatlich erzwungener Konsumverzicht in Erscheinung tritt. Somit ließe sich über eine konsumorientierte Ausgestaltung der Bemessungsgrundlagen aller Steuern unmittelbar erreichen, dass Anknüpfungspunkte und ökonomische Wirkung der Besteuerung übereinstimmen[570]. Das Leitbild der konsumorientierten Einkommensbesteuerung hat zum Ergebnis, dass der mit Markteinkommen finanzierte Lebenskonsum des Bürgers während des gesamten Konsumzeitraums nur einmalig steuerlich belastet wird[571].

Man unterscheidet zwei Methoden, um dieses Ziel zu erreichen: die Sparbereinigung und die Zinsbereinigung[572]. Beim Konzept der Sparbereinigung wird vom Einkommen nur das versteuert, was nach Abzug der Investitionen einschließlich der Ersparnisse für den laufenden Konsum ausgegeben werden soll. Dafür sind die späteren Bezüge aus den Investitionen bzw. die Auflösung von Ersparnissen für Konsumzwecke steuerpflichtig. Die Sparbereinigung der Einkünfte wird also durch eine Methode der Überschussrechnung erreicht[573]. Der Methode der Überschussrechnung entspricht der betriebswirtschaftliche oder finanzwissenschaftliche cash flow; mithin liegt den Modellen der Cash-flow-

bungspolitischer Sicht, in: Rose (Hrsg.), Konsumorientierte Neuordnung des Steuersystems, Berlin/Heidelberg u.a. 1991, S. 291-348.

568 Grundlegend dazu: Zur Reform der Kapitaleinkommensbesteuerung wegen des Zinsurteils vgl. Rose, BB 1992, Beilage 5 zu Heft 10, S. 2 ff.; Lang, StuW 1989, S. 3-17; Lang, Die Besteuerung des Konsums aus gesetzgebungspolitischer Sicht, in: Rose (Hrsg.), Konsumorientierte Neuordnung des Steuersystems, Berlin/Heidelberg u.a. 1991, S. 291-348.

569 Wagner, StuW 1992, S. 2, 5.

570 Rose, StuW 1989, S. 191; Rose, StuW 1990, S. 88, 89; Wagner, StuW 1992, S. 2, 5, 8 f.

571 Rose, BB 1996, S. 1085, 1089; Rose, BB 2000, S. 1062, 1064.

572 Vgl. Darstellung bei Lang, DStJG Bd. 24 (2001), S. 49, 79, 81; zur Reform der Kapitaleinkommensbesteuerung wegen des Zinsurteils vgl. Rose, BB 1992, Beilage 5 zu Heft 10, S. 2, 6 ff.; Rose, BB 2000, S. 1062, 1064; Nguyen-Thanh/Rose/Thalmeier, StuW 2003, S. 169 ff.; außerordentlich instruktiv: Wurmsdobler, StuW 2003, S. 176-187.

573 Lang, DStJG Bd. 24 (2001), S. 49, 79.

Besteuerung eine Art Sparbereinigung der Einkünfte zugrunde. Die Sparbereinigung der Einkünfte führt zur sogenannten nachgelagerten Besteuerung[574].

Aus erfassungstechnischen Gründen ist allerdings die Zinsbereinigung des Einkommens häufig einfacher[575]. Beim Konzept der Zinsbereinigung wird statt der laufenden Ersparnis die Verzinsung der in früheren Jahren gebildeten Ersparnisse steuerfrei gestellt[576]. Bei Existenz eines vollkommenen Kapitalmarktes unterscheiden sich die genannten Systeme hinsichtlich ihrer ökonomischen Wirkungen nicht[577].

Für die Wahl zwischen der sparbereinigten und der zinsbereinigten Methode der Einkommens- und Gewinnbesteuerung sind hauptsächlich administrative Aspekte von Bedeutung[578]. Der Übergang zu einer durchgängig sparbereinigten Einkommensteuer würde eine vollkommene Umgestaltung des derzeitigen Kontrollsystems zur Durchsetzung des staatlichen Steueranspruchs erfordern; insbesondere wären die privaten Ersparnisse lückenlos zu überwachen. Demgegenüber lässt sich eine zinsbereinigte Einkommen- und Gewinnsteuer administrativ höchst einfach umsetzen[579].

Im Rahmen der persönlichen Einkommensteuer sind Einkünfte aus privatem Finanzvermögen (Sparbücher, festverzinsliche Wertpapiere, Aktien etc.) generell steuerfrei. Dahinter steht die Vereinfachungsidee, dass sich Renditen derartiger Vermögensanlagen bei Privatleuten nicht nennenswert von einem Marktzins unterscheiden, der systematisch von der Steuer freigestellt wird. Erwünschter Effekt ist, dass der Anreiz entfällt, Ersparnisse zwecks Erzielung steuerfreier Zinsen ins Ausland (etwa nach Luxemburg) zu verlagern. Das ins Ausland schon abgeflossene Kapital soll in großem Umfang wieder nach Deutschland zurückkehren[580].

---

574 Rose, BB 2000, S. 1062, 1064; Lang, DStJG Bd. 24 (2001), S. 49, 80 m.w.N.; Lang, a.a.O. löst das Aufzeichnungs- und Kontrollproblem (Verifikation) dadurch, dass der Besteuerung nur Erwerbsvermögen innerhalb der Investitionssphäre unterworfen ist, das der Aufzeichnungspflicht und -kontrolle unterliegt. Das Einverständnis mit fiskalischer Transparenz (sog. „qualifizierte Konten") ist die Voraussetzung dafür, dass Zuführungen in den Investitionsfonds die persönliche Einkommensteuer und die Betriebsausgaben die Betriebssteuer mindern können.

575 Rose, BB 1996, S. 1085, 1089.

576 Rose, BB 2000, S. 1062, 1064.

577 Niehus, DStZ 2000, S. 697, 699.

578 Rose, BB 1996, S. 1085, 1089.

579 Für eine zinsbereinigte Einkommensbesteuerung spricht sich auch Ekkehard Wenger aus, vgl. u.a. Wenger, StuW 2000, S. 177, 181.

580 Rose, BB 1996, S. 1085, 1089, 1090.

c. Stellungnahme

Die von den Vertretern der Konsumbesteuerung präferierte Methode der Zinsbesteuerung leidet unter einem erheblichen Akzeptanzproblem: im Blickwinkel der Abschnittsbesteuerung steht der Steuerfreiheit von Zinsen die volle Steuerpflicht der Arbeitseinkünfte gegenüber. Somit vermittelt die Zinsbereinigung das Bild einer unvollständigen Besteuerung nach der Leistungsfähigkeit, so dass sie nicht nur von Juristen, sondern auch von prominenten Ökonomen abgelehnt wird[581]. Das österreichische Modell der Endbesteuerung von Zinsen stellt eine derartige partielle Zinsbereinigung dar (siehe oben)[582].

Das Leistungsfähigkeitsprinzip wird durch die Konsumbesteuerung noch unter einem weiteren Aspekt verletzt. Systematisch und verfassungsrechtlich birgt neben der Nichtbesteuerung der Zinsen auch die Nichtbesteuerung anderer Einkünfte aus privatem Finanzvermögen das Problem, dass die wirtschaftliche Leistungsfähigkeit der Steuerpflichtigen nicht vollständig in der Bemessungsgrundlage der Steuer ihren Ausdruck findet. Das aus dem Gleichheitssatz des Art. 3 Abs. 1 GG abgeleitete Gebot der Besteuerung nach der wirtschaftlichen Leistungsfähigkeit wird auch unter diesem Aspekt verletzt. Die Vertreter der Konsumbesteuerung begründen die Steuerfreiheit von privaten Veräußerungsgewinnen mit einem Gleichlauf zu den Zinseinkünften (siehe oben). Diese werden aufgrund der Zinsbereinigung steuerlich nicht erfasst. Ebenso wie die Zinsbereinigung der Einkünfte als Verstoß gegen das Leistungsfähigkeitsprinzip abgelehnt wird, bedeutet die Nichtbesteuerung der Veräußerungseinkünfte einen Verstoß gegen das Leistungsfähigkeitsprinzip.

Das Gebot der Besteuerung nach der wirtschaftlichen Leistungsfähigkeit hat Verfassungsrang; eine Verletzung des Leistungsfähigkeitsprinzips wäre verfassungsrechtlich nicht zu rechtfertigen. Das Bekenntnis zum Leistungsfähigkeitsprinzip bedeutet mithin eine Absage an die Reformmodelle einer sogenannten konsumorientierten Einkommensbesteuerung[583].

Zudem bestehen erhebliche Bedenken, ob das Konsumsteuermodell auch dem Verifikationserfordernis des Bundesverfassungsgerichts genügt. Kritiker der Konsumbesteuerung sehen eine persönliche Konsumausgabensteuer an Erfassungsschwierigkeiten des Konsums in Haushalten scheitern[584]. Auch die Befür-

---

[581] Lang, DStJG Bd. 24 (2001), S. 49, 81 mit Verweis u.a. auf Homburg, Allgemeine Steuerlehre, 2. Aufl. München 2000, S. 218 ff., 224.
[582] Lang, DStJG Bd. 24 (2001), S. 49, 82.
[583] So auch Waigel, Die Erarbeitung der Petersberger Steuervorschläge durch die Steuerreform–Kommission, in: FS für Klaus Offerhaus, Köln 1999, S. 983, 987 f.
[584] Schneider, StuW 2000, S. 421, 428.

worter eines Konsumsteuermodells räumen ein, dass zur Etablierung einer persönlichen Konsumausgabensteuer einige „Kontrollprobleme“ zu lösen sind. So müsse z.B. ein Verfahren der Registrierung und Verwendungskontrolle der steuerfrei akkumulierten Vermögenswerte etabliert werden. Zu sichern wäre nämlich die Versteuerung der bei Banken und ähnlichen Finanzierungsinstituten registrierten Vermögen im Falle ihrer Veräußerung und Verwendung der Veräußerungserlöse für konsumtive Zwecke[585]. Dies erforderte zumindest die ersatzlose Streichung des § 30a AO, was unter dem Aspekt der Besteuerungsgleichheit durchaus zu begrüßen wäre. Allerdings würden umfangreiche zusätzliche Kontrollmitteilungs- und Aufzeichnungspflichten gerade auch im privaten Bereich erforderlich, wovon wiederum die grundrechtlich geschützte Privatsphäre betroffen wäre.

In diesem Zusammenhang sind wiederum Zweifel angebracht, ob das zu erwartende Steueraufkommen den Verifikationsaufwand rechtfertigen könnte und damit die verfassungsrechtlich gebotene Wirtschaftlichkeit der Steuererhebung gegeben wäre (siehe auch oben). Schließlich würde durch den Verzicht auf eine Besteuerung der Einkünfte aus privatem Finanzvermögen und der Zinsen ein (nicht unbedeutender) Teil des gegenwärtigen Steueraufkommens wegfallen, was nicht nur das Problem der Wirtschaftlichkeit der Steuererhebung verschärft, sondern auch die Frage nach der Gegenfinanzierung aufwirft.

Sämtliche im konsumtiven Bereich erfassten Einkünfte werden gleich behandelt; das Gebot der Gleichmäßigkeit der Besteuerung wäre (zumindest) unter diesem Aspekt erfüllt. Da das System auf die Besteuerung der Zielgröße Konsum abstellt, erfüllt es auch das Erfordernis der Allokationsneutralität. Es handelt sich zudem um ein streng synthetisches Modell, dem keine schedulenhaften Elemente anhaften.

d. Fazit

Auch der Ansatz *Roses*, nicht das Einkommen, sondern den Konsum steuerlich zu erfassen, entspricht dem Ideal der synthetischen Einkommensbesteuerung. Sämtliche Einkünfte des konsumtiven Bereichs würden gleichbehandelt. Eine lückenlose Erfassung dieser Einkünfte wäre nur durch die Aufhebung des § 30a AO und die Ausdehnung der Aufzeichnungs- und Kontrollpflichten auch auf den privaten Bereich sicherzustellen. Auf diesem Wege wäre die Gleichmäßigkeit der Steuererhebung gewährleistet. Allerdings erfasst das Modell der Konsumbesteuerung nicht die Einkünfte aus Zinsen und privaten Veräußerungsge-

[585] Zur Reform der Kapitaleinkommensbesteuerung wegen des Zinsurteils vgl. Rose, BB 1992, Beilage 5 zu Heft 10, S. 2, 13.

schäften und verstößt daher gegen das Prinzip der Besteuerung nach der Leistungsfähigkeit. Aus diesem Grund begegnen ihm erhebliche verfassungsrechtliche Bedenken. Zugleich führt dies mit Recht zu großen Akzeptanzproblemen, was die politische Durchsetzbarkeit erschwert. Als weiterer Nachteil kommt im Hinblick auf die Europäisierung auch des Ertragsteuerrechts hinzu, dass das Konsumsteuermodell gegenwärtig in keinem europäischen Staat verwirklicht ist[586]. Dies ist im Vergleich zum „traditionell" einkommensbasierten *Kirchhof'schen* Modell ein erheblicher Nachteil.

F. Schlussbetrachtung

Das Bundesverfassungsgericht hat, der Argumentationslinie des Vorlagebeschlusses des BFH vom 16. Juli 2002 und des Zinssteuerurteils von 1991 folgend, § 23 Abs. 1 Satz 1 Nr. 1 lit. b EStG 1997 mit Urteil vom 9. März 2004 für verfassungswidrig erklärt. Mit guten Argumenten kann auch von der Verfassungswidrigkeit des § 23 Abs. 1 Satz 1 Nr. 2 EStG i.d.F. des StEntlG 1999/2000/2002 ausgegangen werden.

Der Gesetzgeber muss, auch wenn das Bundesverfassungsgericht das Fortbestehen eines Vollzugsdefizits ab 1999 offen gelassen hat und keinen ausdrücklichen Handlungsauftrag ausgesprochen hat, die Besteuerung privater Veräußerungsgeschäfte grundlegend in verfassungskonformer Weise reformieren[587].

Ausgangspunkt einer kritischen Analyse von Reformvorschlägen können nur die für eine Marktwirtschaft und Demokratie zu fordernden Kriterien eines rationalen Steuersystems sein. Diese sind aus den Hauptfunktionen und den Lasteneffekten der Steuern abzuleiten, wobei sich ein gutes Steuersystem vor allem dadurch auszeichnet, dass es gegen die gesellschaftlich relevanten Grundnormen der Effizienz und Gerechtigkeit so wenig wie möglich verstößt. Eine solche Analyse kann zu der Empfehlung führen, einem Leitbild für die Grundausrichtung des Steuersystems zu folgen, so dass die jeweiligen Formen der Besteuerung einzelner Einkunftsarten eine Gesamtsystemstruktur ergeben können[588].

Ein solches Leitbild für die Grundausrichtung eines Steuersystems wird durch verfassungsrechtliche und systematische Vorgaben determiniert und ein Steuersystem muss sich an diesen Vorgaben messen lassen. Für das deutsche Ein-

---

[586] Tipke, StuW 2002, S. 148, 150.
[587] So auch Hey, DB 2004, S. 724, 730.
[588] Zur Reform der Kapitaleinkommensbesteuerung wegen des Zinsurteils vgl. Rose, BB 1992, Beilage 5 zu Heft 10, S. 2.

kommensteuerrecht ergeben sich insbesondere aus dem allgemeinen Gleichheitssatz des Art. 3 Abs. 1 GG derartige Vorgaben.

Aus dem allgemeinen Gleichheitssatz in seiner bereichsspezifischen Anwendung auf das Steuerrecht folgert das Bundesverfassungsgericht, dass die Besteuerung an der persönlichen Leistungsfähigkeit des Steuerpflichtigen ausgerichtet werden muss. Die für die Besteuerung vorausgesetzte wirtschaftliche Leistungsfähigkeit wird im geltenden Einkommensteuerrecht nach näherer Maßgabe des durch § 2 EStG vorgegebenen Grundschemas quantifiziert. Mit der Bildung der Summe der Einkünfte in § 2 Abs. 3 EStG trifft das Einkommensteuergesetz eine grundsätzliche Entscheidung gegen eine nach Einkunftsarten differenzierende Schedulensteuer und statuiert mit der synthetischen Ausrichtung der Einkommensteuer eine grundlegende steuerliche Sachgesetzlichkeit. Das Leitbild der synthetischen Einkommensteuer ist die theoretische Grundlage der deutschen Einkommensbesteuerung, an dem sich sämtliche Reformvorschläge zu orientieren haben.

Das deutsche Verständnis von Gleichheit macht die synthetische Ausgestaltung der Einkommensteuer und eine Besteuerung nach der wirtschaftlichen Leistungsfähigkeit unumgänglich. Der Einführung einer Schedulensteuer (Abgeltungssteuer mit Definitivsteuersatz) stehen daher erhebliche verfassungsrechtliche und steuersystematische Bedenken entgegen. Im Ergebnis ist ein Übergang zur Schedulenbesteuerung abzulehnen.

Es besteht eine gewisse Wahrscheinlichkeit, dass der Gesetzgeber den seit 1998 planmäßig verfolgten Systemwechsel hin zu einer allgemeinen Wertzuwachssteuer vollenden will und auf das im Vermittlungsausschuss gescheiterte Pauschalsteuerkonzept des Entwurfs zum Steuervergünstigungsabbaugesetz 2003 zurückgreift. Die Einführung einer generellen Besteuerung privater Veräußerungsgeschäfte, ohne zugleich eine Gleichstellung mit betrieblichen Veräußerungsgeschäften vorzunehmen, bliebe allerdings lediglich ein erster Schritt in Richtung einer verfassungskonformen gleichmäßigen Besteuerung. Im Ergebnis bliebe man auf halbem Wege stehen. Einem solchen Konzept für eine generelle Pauschalbesteuerung privater Veräußerungsgeschäfte mangelt es an systematischer Konsequenz und – damit zusammenhängend – verfassungsrechtlicher Konsistenz. Zudem verstößt dieses Konzept gegen weitere elementare Prinzipien der Besteuerung.

Um den Anforderungen des BFH und des Bundesverfassungsgerichts an eine gleichmäßige Besteuerung zu genügen, wäre neben der Abschaffung des § 30a AO die vollständige steuerliche Gleichstellung der betrieblichen und privaten Veräußerungsgeschäfte vorzunehmen. Erst damit würde das der deutschen Einkommensbesteuerung zugrunde liegende Leitbild einer synthetischen Einkommensteuer wieder erkennbar. Dieser Lösung, die auch als „kleine Lösung" bezeichnet werden kann, sind im Falle des Ausbleibens einer Einigung über ein großes Steuerreformkonzept realistische politische Chancen beizumessen. Insbesondere dürfte im Unterschied zur Diskussion des StVergAbG-E diesmal die Streichung des § 30a AO kein wesentliches Hindernis für eine Umsetzung sein, da dieser Schritt durch das Inkrafttreten der europäischen Zinsrichtlinie zum 1. Januar 2004 und deren Umsetzung in nationales Recht auf Grundlage des neu eingefügten § 45e EStG wohl ohnehin unumgänglich wird[589].

Auch mit dem Karlsruher Entwurf zur Einkommensbesteuerung des Juristen *Paul Kirchhof* würde das traditionelle synthetische Leitbild der deutschen Einkommensbesteuerung wieder erkennbar. Den Anforderungen des BFH an die folgerichtige Umsetzung der einmal getroffenen systematischen Belastungsentscheidung wäre genüge getan. Zugleich bliebe mit der synthetischen Konzeption eine nach deutschem verfassungsrechtlichen Verständnis gleichheitskonforme Einkommensteuersystematik erhalten und das systemfremde Element der dualistischen Einkünfteermittlung wäre durch die Beschränkung auf nur eine Einkunftsart eliminiert. Auch dem Verifikationserfordernis als Voraussetzung einer gleichmäßigen Besteuerung wäre durch die Aufhebung des § 30a AO genügt.

Das *Kirchhof'sche* Konzept bedeutet eine Absage an die Konsumsteuerkonzepte und ein Festhalten an der „traditionellen" Kapitaleinkommensbesteuerung. Dies dürfte nicht zuletzt die politische Durchsetzbarkeit des Konzepts erleichtern.

Auch der Ansatz des Ökonomen *Manfred Rose*, nicht das Einkommen, sondern den Konsum steuerlich zu erfassen, entspricht dem Ideal der synthetischen Einkommensbesteuerung. Sämtliche Einkünfte des konsumtiven Bereichs würden gleichbehandelt. Eine lückenlose Erfassung dieser Einkünfte wäre durch die Aufhebung des § 30a AO und die Ausdehnung der Aufzeichnungs- und Kontrollmitteilungspflichten auch auf den privaten Bereich sicherzustellen. Auf diesem Wege wäre die Gleichmäßigkeit der Steuererhebung gewährleistet. Allerdings erfasst das Modell der Konsumbesteuerung nicht die Einkünfte aus Zinsen und privaten Veräußerungsgeschäften und verstößt daher gegen das Prinzip der Besteuerung nach der Leistungsfähigkeit. Dies führt zu Recht zu erheblichen Akzeptanzproblemen, was die politische Durchsetzbarkeit erheblich erschweren dürfte. Als weiterer Nachteil kommt im Hinblick auf die Europäisierung auch des Ertragsteuerrechts hinzu, dass das Konsumsteuermodell gegenwärtig in keinem europäischen Staat verwirklicht ist. Dies ist im Vergleich zum „traditionell" einkommensbasierten *Kirchhof'schen* Modell ein erheblicher Nachteil.

---

[589] Vgl. dazu Dautzenberg, BB 2004, S. 17, 20.

Jedenfalls abzulehnen ist die Zusammenfassung unterschiedlicher Lösungsansätze in einem „Reformkonzept". Die unvermeidliche Folge wäre ein neuerliches „Chaos" von Ausnahmetatbeständen im Einkommensteuerrecht. Eine an einem übergeordneten Leitbild ausgerichtete Systematik wäre nicht erkennbar. Auch würde das Einkommensteuerrecht auf lange Sicht weder einfacher noch gerechter. Denn ein Mangel an System und die daraus resultierenden Allokationsineffizienzen machten erneut sich potenzierende Korrekturvorschriften erforderlich. Damit würde das Ziel jeder Steuerreform, nämlich die Vereinfachung und Systematisierung, konterkariert. Der Gesetzgeber muss im Bereich der Ertragsbesteuerung eine grundlegende Richtungsentscheidung treffen. Verweigert er diese, erzeugt er ein systemloses Steuerrecht, welches Entscheidungsneutralitäten, Ungleichbehandlungen und Effizienzverluste impliziert[590].

Letztlich hängt die Entscheidung für das eine oder andere Konzept vom Grad der politischen Bereitschaft zur Reform des Einkommensteuerrechts ab. Der vorstehend als „kleine Lösung" bezeichnete Ansatz würde den hybriden Charakter des deutschen Einkommensteuerrechts nicht wesentlich verändern, wäre jedoch als ein Schritt in Richtung eines systematischeren, einfacheren und gerechteren Einkommensteuerrechts zu begrüßen.

Unter verfassungsrechtlichen und systematischen Aspekten ist eine große Steuerreform zu fordern. Diese hätte sich an den jeweiligen Grundgedanken der beiden Reformkonzepte von *Paul Kirchhof* bzw. *Manfred Rose* zu orientieren, wobei der Karlsruher Entwurf nicht zuletzt wegen des Aspekts der europäischen Harmonisierung des Ertragsteuerrechts vorzuziehen ist.

---

[590] So auch Niehus, DStZ 2000, S. 697, 700 ff.

Peter Lang · Europäischer Verlag der Wissenschaften

Annette Marosek

Die Haftung im Einkommensteuerrecht

Die tatbestandlichen Voraussetzungen und ihre Durchsetzung

Frankfurt am Main, Berlin, Bern, Bruxelles, New York, Oxford, Wien, 2005.
XXXVII, 143 S.
Europäische Hochschulschriften: Reihe 2, Rechtswissenschaft. Bd. 4089
ISBN 3-631-53298-9 · br. € 39.–*

In diesem Buch wird die Haftung im Einkommensteuerrecht in allen ihren Facetten abgehandelt. Rechtsprechung und das steuerrechtliche Schrifttum befassen sich zumeist nur mit der Haftung für die Lohnsteuer gemäß § 42d Abs. 1 EStG. Der Gesetzgeber hat aber in den vergangenen Jahren weitere Haftungsnormen in das Einkommensteuerrecht eingefügt. Diese Arbeit stellt sämtliche derzeit im Einkommensteuerrecht enthaltenen Haftungsvorschriften dar, wobei die Änderungen und Neuregelungen der Haftungsnormen besonders ausführlich erörtert werden. Die einzelnen Tatbestände der Haftungsnormen werden erläutert sowie Ziel und Zweck der Haftungsregelungen untersucht. Auch wird die Geltendmachung der Haftung durch Haftungsbescheid und Zahlungsaufforderung ausführlich abgehandelt. Einen Schwerpunkt bildet dabei die Untersuchung der bei Erlass eines Haftungsbescheides von den Finanzbehörden zu treffenden Ermessensentscheidung.

Aus dem Inhalt: Haftung im Steuerrecht · Spendenhaftung · Haftung für die Lohnsteuer · Haftungsbescheid · Akzessorietät der Haftung · Ermessen bei Erlass eines Haftungsbescheids · Entschließungsermessen · Auswahlermessen

Frankfurt am Main · Berlin · Bern · Bruxelles · New York · Oxford · Wien
Auslieferung: Verlag Peter Lang AG
Moosstr. 1, CH-2542 Pieterlen
Telefax 00 41 (0) 32 / 376 17 27

*inklusive der in Deutschland gültigen Mehrwertsteuer
Preisänderungen vorbehalten

Homepage http://www.peterlang.de

FSC
www.fsc.org
MIX
Papier | Fördert gute Waldnutzung
FSC® C083411

Kolibri 360 GmbH
Ferdinand-Jühlke-Straße 7
99095 Erfurt, Deutschland
produktsicherheit@kolibri360.de

Druck:
CPI Druckdienstleistungen GmbH
im Auftrag der
Kolibri 360 GmbH
Ferdinand-Jühlke-Str. 7
99095 Erfurt